엄마의
말 한마디가

우리아이
미래를 결정한다

엄마의
말 한마디가
우리아이
미래를 결정한다

초판 1쇄 2018년 2월 25일

지은이 • 김상옥
펴낸이 • 이규종
펴낸곳 • 예감출판사
등록 | 제2015-000130호
주소 | 경기도 고양시 일산동구 공릉천로 175번길 93-86
전화 | 031-962-8008
팩스 | 031-962-8889
홈페이지 | www.elman.kr
전자우편 | elman1985@hanmail.net

엄마의 말 한마디가

우리아이
미래를 결정한다

김상옥 지음

예감

머리말
세계의 최고를 꿈꾸는 엄마들이여!

자신감은 올바른 감성에서부터 자라난다!

엄마의 긍정적인 대화법과 적극적인 격려습관이 인성이 바르고 성공하는 자녀를 키울 수 있다. 세계 최고의 스타들에게는 그들을 성공으로 이끌고 지도해온 '엄마' 즉 '맘 코치'가 있었다. 그들의 인생에서 맘 코치가 없었으면 그들은 아마도 이 세상에서 평범한 사람으로 평생을 살고 있을지도 모를 일이다. 그들이 성공할 수 있었던 것은 자녀들에게 꿈과 비전을 주고 그들의 꿈이 지속되도록 칭찬과 격려로 이끌어 준 엄마가 있었기 때문이다. 그러나 엄마가 있다 해서 모든 자녀가 성공하는 것은 아니다. 엄마가 코치로서의 역할을 제대로 했을 때 그 결과가 달랐다는 것이다.

성공한 사람들의 뒤를 보면 항상 엄마가 있었다.

자녀를 성공시키는 엄마는 그들만의 성공 대화법으로 자녀를 지도하고 이끌어 줌으로써 평범한 자녀를 세계 최고의 스타로 만들 수 있었다.

엄마의 대화법은 순간으로 끝나는 것이 아니다. 엄마의 대화법은 엄마가 살아 있는 한 지속되며, 자녀들의 평생을 좌우하게 된다.

우리의 아이들은 스펀지와 같아서 모든 것을 빨아들일 준비가 되어 있다. 마치 무한한 가능성을 지닌 꿈나무와도 같다. 어떻게 물을 주고 어떻게 가지치기를 해주느냐에 따라서 좋은 나무로 자라거나 전혀 도움이 되지 않는 잡초처럼 자랄 수 있기에 진정으로 맘 코치가 필요한 것이다. 맘 코치는 단순한 공부기술을 지도하는 코치를 넘어 인생을 전반적으로 설계하고 이끌어 주는 코치를 의미한다.

에디슨이 수없는 실패에도 좌절하지 않고 성공으로 있었던 것은 무엇 때문이었을까 '도저히 안되겠다'는 학교 선생님의 비관적인 말씀에도 '너만의 장점이 있다'는 엄마의 말 한마디가 있었다. 세계적인 과학자 에디슨에게 엄마라는 맘 코치가 있었던 것이다.

엄마의 말 한마디에 따라, 눈길 한 번에 따라, 제스처 한 번에 따라 아이의 인생은 달라질 수 있다. 따라서 성공하는 자녀로 만들고 싶다면 잠재력을 이끌어낼 대화 기술을 익혀야 한다. 모든 아이는 위대한 사람으로, 큰 나무로 성장할 수 있는 가능성을 가지고 타고 났다. 다만 어떤 엄마를 만나느냐에 따라 평범한 사람이 되느냐 세상을 이끄는 지도자가 되느냐가 결정된다. 즉, '디스카운트 언어'(상대방 깎아 내리고 비하하는 언어)를 버리고 '스트로크 언어'(자신감을 주고 자존감을 높여 주는 언어)를 사용할 때 우리의 자녀에게서 놀라운 변화가 일어날 것이다.

좋은 엄마는 미래를 읽고 변화를 준비할 줄 안다. 또한 아이의 감정,

사고, 행동, 정서를 모두 수용하고 지지하는 것은 최고의 교육법이다. 따뜻한 정이 담겨있고, 엄마의 따뜻한 사랑이 녹아있고, 공감하는 대화는 훌륭한 의사소통 양육법이다.

유아기관과 심리상담센터를 운영하며 아이들을 올바르게 성장시키기 위한 엄마들의 올바른 양육태도와 자녀대화법의 필요성을 느꼈다.

그래서 이 책을 통해 맘코치로서 부모·자녀간의 대화법과 인성과 감성지수를 높여주는 대화법을 쉽게 제시해 담아 내기 위해 노력했다.

끝으로 부족한 나의 생각과 방법을 늘 지지해주고 수용해 주는 사랑하는 남편과 이 책을 낼 수 있도록 용기를 준 사랑하는 딸들에게 깊은 감사를 드린다.

부디 이 책을 통해서 우리나라의 모든 엄마가 성공하는 자녀를 키워낼 수 있기를 바란다.

- 지은이 김상옥 드림

목차

Part 3
나를 리더로
키워주세요.

Part 4
말을
잘하고 싶어요.

Part 9
**자신감을
키워주세요.**

Part 10
**나의 행동을
바꿔주세요.**

**Part 11
나의 투정을
멈추게 해주세요.**

**Part 12
칭찬
받고 싶어요.**

Part 1 나의 코치가 되어 주세요.

디스카운트 언어 : 네가 뭘 할 수 있어? 넌 안돼.

　　　　　　　　넌 고집만 세서 안돼.

스트로크 언어 　: 아니야, 넌 할 수 있어.

　　　　　　　　엄마가 널 잘 몰랐어.

　　　　　　　　엄마의 잘못된 고정관념이었어.

　　　　　　　　그건 고집이 아니라 개성이야.

　　　　　　　　넌 인내심이 강한 거야.

1. 대화방법에 따라 달라진다.

　　서로 다른 환경 속에서 자신만의 독특하고 다양한 색깔을 만들며 성장한 남녀가 만나 사랑을 하게 되고 부부라는 인연으로 가정을 이룬다. 그리고 10개월 동안 태아의 신비로운 성장과정을 통해 설렘과 출산이라는 가슴 뭉클한 감동으로 출산의 아픔과 힘든 산고도 잊은 채 기쁨으로 우리는 엄마라는 이름을 부여 받는다. 하지만 안타깝게도 '엄마답다' 는 말을 듣기에는 그 역할과 책임에 있어서 너무 많은 부족함을 느끼게 되고 '엄마답다' 라는 말은 진지하고 책임감 있는 엄마로서의 위치를 돌아보게 만든다.

　　임신해서 극성스럽다 할 정도로 태교에 열심히 정성을 다했던 그 마음, 태아를 처음 맞이할 때 뭉클했던 진한 눈물의 감동은 어디로 갔는지…. 자녀들을 키우면서 뚜렷한 교육관도 없이 현실과 타협하면서 보이는 교육적 현실에만 급급하여 진정으로 자녀들과의 관계속에서 키워나가야 할 소중한 것들을 간과하는 것들이 너무 많다. 자녀들의 성장 속도

만큼 그에 따른 엄마로서의 성장과정 역시 필요하다. 이러한 관점에서 엄마 역시 이제는 하나의 직업, 직종으로서 전문적 준비와 자격이 필요하다고 보는 개념이 확대되고 있으며, 특히 이러한 전문적 준비과정에서 자녀지도에 대화기술이 강조되고 있다. 그 이유는 정서적 • 지적으로 어려움을 겪고 있는 자녀들의 문제를 치료하는 과정에서 엄마 - 자녀간의 대화의 단절을 가장 중요한 원인으로 보고 있기 때문이다. 또한 엄마의 올바른 대화습관이 곧 자녀의 성공습관을 설계하는데 가장 기초적인 밑거름이 되고 있기 때문이다.

엄마와 자녀 사이에 주고받는 행복감은 거의 전적으로 대화에 달려 있으며, 대화의 성공 여부는 어디까지나 엄마가 어떻게 하느냐에 달려 있다. 대화란 상대의 감정과 관심도를 매순간 확인하면서 말로써 서로간의 주파수를 맞춰 나가는 지속적인 노력이라고 할 수 있다. 엄마가 자신의 뜻만 관철시키려는 태도에서 벗어나 내 자녀가 무엇을 고민하고 있는지, 공부 이외에 진짜 어떤 것에 관심을 갖고 있는지 알려고 노력한다면 대화는 이루어질 수 있을 것이다.

자녀와 대화를 한다고 하고 일방적인 설교를 하거나 대놓고 화내는 엄마들이 많다. 대화는 주고받는 것으로 커뮤니케이션이 되기 위해서는 듣고 말하는 상호간의 작용이 있어야 한다. 대화의 목적은 자녀의 어려운 상황을 도와주기 위한 것이기도 하지만 자녀를 가르치기 위한 목적도 있다.

엄마는 자녀를 양육하면서 자녀에게 많은 이야기를 하게 된다. 아침에 일찍 일어나서부터 잠자리에 들 때까지 일상적인 많은 이야기를 하면서 지내게 된다. 그렇다면 이러한 모습을 통하여 엄마와 자녀 간에 많은 대화를 나누고 있다고 볼 수 있을까? 대화의 양적인 부분보다는 질적인 부분이 중요하고 자녀들과 무엇을 이야기 할 것인가 보다는 끊임없이 어떻게 이야기 할 것인가에 대해 생각하려는 엄마의 대화 습관이 필요하다. 자녀와의 대화 역시 자녀와의 눈높이를 맞추고 그들을 있는 그대로 이해하는 것에서 출발해야 한다. 그리고 이러한 과정은 자연스럽게 배워지기보다 적극적으로 노력하고 연습함으로써 더 효과적으로 배울 수 있다.

엄마와 자녀가 의사소통의 통로를 개방적인 상태로 유지할 수 있기 위해서는 적절한 기술이 필요하다. 이러한 의사소통기술을 엄마가 배우게 되면 자녀와의 대화를 통하여 좋은 관계를 유지, 발전시킬 수 있다. 이러한 과정을 통하여 자녀는 자신에 대한 긍정적인 태도와 함께 엄마에 대한 신뢰감과 개방적인 태도를 가지게 된다.

아무리 대화기술이 완벽하다 할지라도 아이를 인격적으로 존중하는 겸허한 마음과 깊은 애정 없이는 그 뛰어난 기술도 물거품에 지나지 않는다. 그러므로 엄마와 자녀간의 대화의 기술을 익히고 발달시켜 가기 위해서는 가족간에 함께 이야기를 나누고 생각을 교류하여 공감할 수 있는 시간을 자주 갖는 것이 좋다. 그렇기에 대중매체로 인해 단절되고 있는 대화를 다시 활성 시키기 위해서는 가족이 모여 TV 앞에 앉는 시간을 줄이고, 엄마는 올바른 대화법을 알아두어 자녀와 여러 가지 주제의 다양한 이야기를 하도록 해야 할 것이다.

자녀와의 대화가 늘 원만하게 해결되는 것은 아니다. 자녀와의 효율적인 대화방법을 배운 엄마도 막상 자녀와의 갈등이 생기면 배운 것은 도저히 생각이 나지 않고 감정이 앞서게 된다. 하지만 점차 노력하고 실수를 개선할수록 자녀와의 대화가 조금씩 개선되는 것을 느낄 수 있을 것이다.

사람과 사람 사이의 의사소통을 효과적으로 돕는 미디어는 눈부시게 발전하는 반면에, 정작 가장 가까워야 할 사람들 사이의 대화는 더욱 더 단절되어 가고 있다. 그 중에서도 특히, 엄마와 자녀간의 대화의 단절은 심각한 수준이라고 판단된다. 엄마 세대와 자녀 세대는 근본적으로 차이가 있을 수밖에 없다. 그런 차이를 극복하고 서로간의 공감대를 형성하면서 원활한 대화를 이끌어 가는 것이 정말 그렇게 어려운 것일까?

엄마와 자녀 사이의 사소한 대화습관이 한 가지만 변화하여도 자녀는 그보다 훨씬 더 다양하고 올바른 대화습관이 정착되어질 것이다. 그것은 곧 자녀가 성공하는데 가장 큰 효과를 발휘할 수 있는 위력을 가진 습관이 될 것이다.

자녀교육은 마치 땅 속에 숨겨진 작고 여린 씨앗인 당신의 자녀를 당신의 관심어린 사랑으로 장미꽃으로 만들 수도 있으며, 시들어버린 꽃이 되게 만들 수도 있다. 당신의 관심어린 사랑은 결국 지혜로운 대화 습관으로 나타나며 이를 통해 진정한 사랑과 일관성 있는 교육관이 자녀에게 전달된다.

당신의 현명한 대화는 자녀를 있는 그대로 인정해주고 적절한 토양과 햇빛, 그리고 밑거름을 제공해주게 된다. 이를 통해 자녀들은 튼튼한 뿌리와 날개를 달게 되고, 독특한 빛깔과 향기가 나는 큰 거목이 되어 부푼 꿈을 가지고 열린 세계를 경험할 수 있게 된다. 이럴 때 엄마는 아이들에게 가슴 따뜻한 코치의 모습으로 기억될 것이다.

2. 엄마는 나를 너무 몰라요.

엄마는 자녀들이 자신의 손바닥 안에 있다고 생각한다. 자신도 어린 시절이 있었고, 태어난 순간부터 지금까지 그들의 양육을 책임지고 있었기 때문에 그들이 원하는 것이 무엇인지를 다 알고 있다고 생각한다. 그러나 엄마는 아이들이 커갈수록 설 자리가 없어진다. 아이들과 대화가 안되기 때문이다. 엄마의 역할이나 공간이 작거나 대화가 안되면 엄마는 분노와 배신감을 느끼기 쉽다.

대화가 안 되는 이유는 엄마는 자신의 시각으로 아이들을 이해하고 자신의 수준으로 대화를 유도하기 때문이다. 그래서 요즘의 아이들은 어릴 때는 엄마를 잔소리꾼으로라도 인정하지만 중고생이 되면 엄마를 친구보다 못한 자신의 적으로까지도 생각하게 된다. 이는 엄마의 역할을 제대로 인식하지 못하고 있을 뿐더러 세상이 하도 빠르게 변해 엄마가 아이들의 마음을 충분히 이해해주지 못하기 때문이다.

우선 아이들은 엄마가 원하는 것과 자신이 하고 싶은 것에 차이를 느끼고 있다.

예를 들어보자. 엄마는 꿈을 갖고 살지 않으면 죽은 것과 같다고 생각하지만, 아이들은 꿈은 부담스러운 거라 생각하며 현실에 안주하려 한다. 엄마는 인내력이 있으면 좋겠다고 생각하지만 아이들은 그것만은 없어도 된다고 생각하여 모든 일을 쉽게 포기한다. 엄마는 공부하는 아이로 만들고 싶어 하지만 아이는 학과 공부보다 컴퓨터게임을 좋아한다. 엄마는 가족과 같이 하고 싶고 TV도 같이 보고 싶지만, 아이들은 인터넷이나 스마트폰을 하면서 혼자 시간을 보내는데 익숙하고 좋아한다. 엄마는 미래를 내다보고 살기를 원하지만 아이는 지금 당장의 즐거움에 더 관심이 많다. 엄마는 착한 친구들을 만나기를 원하지만 아이들은 마음이 맞는 친구를 선호한다. 이러한 견해 차이에서 엄마와 자녀 사이에는 항상 마찰이 생기며 다툼이 발생한다. 이처럼 세상의 변화는 급격하게 진행되고 있는데도 엄마는 아직도 구태의연한 고정관념에서 벗어나지 못하고 있다.

그러나 예전처럼 엄마의 생각에 아이들의 생각을 무조건 맞추기를 원한다면 이제는 그 어떤 아이도 엄마의 의지대로 살아줄 아이는 없다. 세상의 변화 속도가 너무 빨라 적응하기 어렵듯이 그만큼 자녀교육도 세상의 변화에 따라 비례적으로 어려워지는 것이다. 그렇다면 앞으로는 어떻게 아이들을 대할 것인가? 그러므로 아이들을 있는 그대로 보아주는 코칭 스킬이 필요한 것이다.

그렇다면 어찌해야 할 것인가? 그것은 시대의 변화에 엄마가 순응하는 것이다. 앞으로의 시대는 한 가지만 잘하는 한우물형 아이보다는 여러 가지를 잘하는 멀티플레이어로 만들어야 한다는 것이다. 따라서 좋은 코치는 한 가지만 가르치기보다는 아이들이 좋아하는 여러 가지를 배우게 하고 그 중에서 좋아하고 잘하는 것을 키워주는 능력이 있어야 한다. 또한 미래사회에서 경쟁력을 가지고 성공하는 자녀를 만들고 싶다면 창의성을 가진 자녀로 만들어야 한다. 창의성은 남과 다른 생각을 하는 것으로 이제 똑같은 것이 넘쳐나는 세상에 무언가 다른 것을 찾는 사람들의 욕구가 많으므로 남과 다른 생각을 하는 창의성 있는 사람이 당연히 사회에서 주도적인 사람이 될 수밖에 없다.

그래서 과거에는 엄마가 IQ(지능)만을 중요시했다면 이제는 EQ(정서지능), MQ(도덕지능)도 길러줘야 한다. 따라서 예전에는 엄마의 역할은 학교나 학원을 잘 보내고 공부할 수 있도록 길러 주면 되었지만, 이제는 EQ(정서지능), MQ(도덕지능)과 인성을 길러주기 위해서 코칭 스킬이 필요한 것이다.

이러한 코칭 스킬은 대화를 기반으로 한다. 대화가 원활하면 결국 좋은 코칭이 이루어지나 대화에 장애가 있다면 효과적인 코칭을 기대하기는 어렵다.

'우리 아이가 정말 잘 클 수 있을까?' 이것은 이 시대의 엄마가 가장 고민하고 있는 과제와 같다. 그러나 아무도 정답을 알려주지 않는다. 그렇다면 그 해답은 어디에서 찾을 수 있을까?

엄마와 자녀간의 의사소통의 통로만 열려 있다면 해답은 바로 그 대화의 통로에 가득 숨겨져 있다. 결국 자녀와의 지혜로운 대화법 맘 코칭의 기술이다.

맘 코칭은 결국 자녀와의 현명한 대화 기술을 통해 자녀가 자신의 행동에 대해 스스로 책임을 지게하고 인생을 스스로 꾸려나가는 능력을 갖추도록 돕는다.

3. 엄마! 나의 코치가 되어 주세요.

요즈음 젊은 엄마들은 될 수 있으면 아이들을 억압하지 않고 자유롭고 즐거운 환경을 만들어주려고 한다. 그러나 그렇게 한다고 해서 아이들이 저절로 행복한 삶을 사는 것은 아니다. 아이들은 엄마로부터 생명을 보존하기 위한 의식주를 공급받는 것뿐만 아니라, 연령대에 맞는 올바른 양육과 훈육을 통해 성숙한 사람으로 성장하여 성공적이고 행복한 인생을 영위하게 된다. 코칭은 자녀를 올바로 키우려고 고심하는 엄마에게 탁월한 자녀 양육 방법을 제공해 준다.

아이들은 대략 2~3세때부터 자기의 생각을 말로 표현하고 외부 세계에 관심을 갖고 도전하고자 한다. 유아기 때의 아이들은 놀이를 통해 사물을 이해하는 능력이 발달된다. 그들은 가족이나 주변 사람들과의 관계를 통해 사회성을 배우게 된다. 그러나 이때부터 나쁜 습관이나 이기적인 욕구를 조절하는 능력을 배우지 않으면 그 영향이 평생 지속될 수 있다.

아이들은 3~4세가 되면 뇌와 감성 능력의 50%가 발달된다고 한다.

이때 지능뿐만 아니라 신체적, 정서적, 성격적인 면들이 건강하고 올바르게 발달하도록 자극하지 않으면 그 부분에서 평생토록 결함을 가지게 될 수도 있기 때문에 "세 살 버릇 여든까지 간다"는 말이 있는 것이다. 따라서 아이들이 사회를 인식하고 가치관, 도덕성, 태도, 성품 등의 기초를 다지게 되는 3~7세까지의 엄마의 역할은 그 어느 시기 보다도 중요하다고 할 수 있다.

이 연령의 자녀를 가진 엄마는 교사와 코치를 겸해야 한다. 교사로서 엄마는 아이들이 습득하고 발전시켜야 할 좋은 성품과 습관들을 가르쳐야 한다. 그리고 규칙을 세워서 그들이 일상생활에서 실행함으로써 몸에 익숙해지도록 이끌어주어야 한다. 이 때 좋은 언행에는 상을 주고 나쁜 언행에는 벌을 주는 칭찬제도를 적용하는 등 나름대로의 효과적인 교육방법을 찾아내어 엄격히 실행해야 한다. 한편으로는, 교사의 역할과 더불어 아이들의 잠재력과 창의력을 건강하게 성장시키기 위해서 코칭 방법을 사용해야 한다.

4. 엄마! 고정관념을 버리세요.

아이를 키운다는 것은 하나의 새로운 인생을 만들어가는 작업이기 때문에 엄마들의 양육이 잘못 되었을 때 그 시간들을 다시 되돌릴 수도 없다. 그래서 대부분의 엄마들은 자녀를 양육할 때 '우리 아이만은 제대로 잘 키워보자.' 라는 비장한 각오를 매번 하게 되지만 변화하기 어려운 게 현실이다.

많은 엄마가 자신이 어렸을 때 겪었던 상처나 실수들을 바로 잡으려는 과정에서 자신의 변화보다는 아이에게 자신의 생각과 행동을 강요한다. 또한 자녀에게 과도하게 기대하거나 억압을 가하게 되는데 이는 많은 엄마들이 어린 시절에 겪은 깊은 상처를 해결하지 못한 채 결혼하고 자녀를 낳는데 원인이 있다. 그리고 상처로 인한 잘못된 고정관념, 나쁜 습관, 미래에 대한 두려움 등을 남편이나 아이들에게 반영하고 있다. 엄마가 된다는 것은 바로 이러한 엄마의 과거 부정적인 생각이나 습관들을 고치는 것부터 시작해야 한다. 그런 나쁜 습관이나 생각들을 조금씩 바꾸고 난 후 인생의 가치관이나 목표를 새롭게 해야 한다. 그리고 나서 그동안 아이들에 대해 가지고 있던 고정관념을 바꾸어야 한다.

사람들은 고정관념에 길들여져 있는 모습만 인식하고 그것들만 보려고 한다. 거울 뒤에 가려져 보이지 않는 뒷모습은 읽으려 하지 않기 때문에 어떤 엄마는 자녀를 말썽꾸러기 악동으로 보고, 아이들이 하는 것은 모두 잘못된 것이라고 판단하며, 그들의 언행을 일일이 저지하며 아이에게 소리 지르고 혼내는데 많은 시간을 보낸다. 한편, 어떤 엄마는 자녀를 선한 천사라고 생각하고 아이가 하는 것은 모두 허락하며 마치 자신이 아이의 종이라도 된 것 같이 아이의 비위를 맞추는데 많은 시간을 허비하기도 한다.

현실적으로 아이들을 많이 출산하지 않는 요즘 외동 아들, 외동 딸들이 많다보니 갈수록 이러한 현상이 늘어가고 있다. 물론, 양쪽 다 올바른 양육 방법이 아니다. 이것은 모두 엄마가 쓰고 있는 색안경 때문이다. 즉, 엄마가 가지고 있는 고정관념에 따라 아이들은 그 방향으로 키워지고 있는 것이다. 고정관념의 세계관을 버리고 맑은 마음을 갖는 것이 맘 코칭의 첫 번째 준비단계이다.

5. 나는 아이들에게 어떤 엄마인가?

　　엄마로서 내 아이를 바라보는 고정관념을 버리고 맑은 마음을 갖고 '나는 과연 아이들에게 어떤 엄마인가'를 스스로 자문하는 습관을 통해서 나를 바라보게 되면 더 깊게 맘 코칭의 기술을 강력하게 하는 동기유발이 생성된다.

〈나는 좋은 엄마인가? – 질문하기〉

◐ 내 생각을 자녀에게 일방적으로 강요하고 있지는 않는가?

◐ 등교 전이나 식사 시간을 잔소리하는데 쓰고 있지는 않는가?

◐ 나의 잘못을 자녀의 탓으로 돌린 적은 없는가?

◐ 자녀가 잘못을 깨달았는데도 되풀이하여 야단친 적은 없는가?

◐ 내 기분에 따라 자녀를 대하고 있지는 않는가?

◐ 아이가 힘들어 할 때 잘잘못을 따지기 보다는 조용히 격려해 주는가?

◐ 자녀의 가장 친한 친구가 누구인지, 자녀가 좋아하는 사람은 누구인지 알고 있는가?

◐ 자녀가 무엇을 잘하고, 무엇이 되고 싶어 하는지를 알고 있는가?

◐ 자녀가 이룬 것이 아무리 사소할지라도 진심으로 기뻐하고 칭찬해 주는가?

◐ 가끔씩이라도 자녀와 함께 즐거운 시간을 갖고 있는가?

〈나는 이런 엄마가 되고 싶다 – 답 찾기〉

◐ 아이를 어떻게 키워야 할지 방법을 알고 싶다.

◐ 나의 좋지 않은 습관을 바꾸고 싶다

◐ 과거의 짐을 벗어버리고 새롭고 능력 있는 엄마가 되고 싶다.

◐ 엄마로서 인생의 목표를 새롭게 설정하고 싶다.

◐ 우리 아이를 탁월한 리더로 키우고 싶다.

◐ 아이의 잠재력과 능력을 잘 개발해주고 싶다.

◐ 아이를 자율적인 성숙한 사람으로 키우고 싶다.

◐ 아이들과 늘 친밀한 관계를 유지하고 싶다.

◐ 존경받는 엄마가 되고 싶다.

지금까지 우리가 알고 있는 일방적인 지시나 가르침에 의한 양육 방법으로는 아이들을 성공적으로 키우기가 힘들다. 엄마로서 자신의 자녀의 삶에 중요한 영향력을 미치는 사람이 되고 싶다면 스스로 자문하는 습관을 통해서 그들의 입장이 되어서 자녀의 말에 귀를 기울이며 대화를 해야 한다.

Part 2 엄마!
나 공부하고 싶어요.

디스카운트 언어 : 넌 허황되게 꿈만 커서 안돼.

너 옆집 ○○○이 좀 닮아라.

스트로크 언어 : 네 꿈은 꼭 이루어진다.

네 꿈을 이루는데

하나님께서 늘 함께 하실거야.

우리 ○○! 목표가 근사하다.

엄마들의 최대 관심사는 자녀들의 공부라고 해도 과언이 아니다. 자녀들의 공부를 위해서 학군을 좇아 이사를 가거나 기러기 아빠를 자처하고 있으며 경제적으로 아무리 힘들어도 교육을 위해서라면 아낌없이 투자하고 혼신을 다하려고 하는 것이 엄마들의 모습이며 교육 현실이다.

그러나 엄마의 노력과 투자에 비해서 자녀들은 뜻대로 커주지를 않는다. 그렇다면 많은 돈을 들이지 않고도 자녀들을 공부하게 할 수 있는 방법은 무엇일까? 그것은 바로 엄마의 대화방식과 양육태도를 바꾸는 것이다. 엄마와 매일 대화를 하는 아이들이 대화를 전혀 하지 않은 아이들에 비해 과목별 평균 점수가 높다는 것이 최근 한국교육과정평가원이 분석한 결과이다. 결국 공부를 잘하는 아이로 만드는 진정한 힘은 엄마와 학교공부, 진학, 사회문제, 일상적인 생활 등의 다양한 이야기를 허물없이 엄마와 매일 대화하는데 있었다. 최상위권 아이들을 키운 엄마들의 공통점은 따뜻하고 일관적이며 아이를 잘 관찰하여 내 아이가 무엇을 원하는지 파악하여 그것에 대해 반응을 잘해 주는 것이었다. 공부 잘하는 자녀로 만들기 위해서 엄마는 자녀의 조력자로서 그 역할을 제대로 수행해야 한다. 엄마는 지나친 참견을 하지 말아야 하며, 스스로 자기의 행동을 결정하여 행하게 하고 그 결과에 대해 책임을 질 수 있도록 도와주는 역할을 해야 한다. 그렇게 하려면 아이와 함께 시간을 보내고 이야기 할 기회를 많이 만들어야 한다. 대화를 통한 심리적 안정은 곧 성격 형성과 성적 향상에 도움을 준다.

1. 비전과 목표를 세워주어라.

성공은 운명이 아니고 과학이며 우연히 찾아오는 것이 아니라 준비하는 사람의 것이라는 말이 있다. 성공은 기대도 하지 않았는데 찾아오는 법이 없다는 말이다. 따라서 분명한 비전을 가지고 있어야 성공할 수 있다. 비전이란 말의 사전적 의미를 살펴보면 '내다보이는 장래의 상황'을 말하며 인생에서의 비전이란 개인이 느끼고 생각하는 인생의 구상, 설계를 말하는 것이다. 그리고 목표는 그 비전대로의 삶을 살기 위해 구체적으로 해야 할 일들이다.

자녀들에게 비전과 목표를 세워주기 전에 더욱 더 중요하게 선행되어야 할 것은 엄마 역시 비전과 목표를 가지고 있어야 한다는 것이다. 자녀들은 말보다는 행동이 따르는 엄마의 말을 더 긍정적으로 빠르게 수용하고 흡수한다. "당신의 꿈은 무엇입니까?" 라고 묻는다면 상당히 답변하기 어려울 것이다. 진정 내 아이를 성공하는 사람으로 키우고 싶다면 엄마 스스로가 어떻게 자녀를 키울 것인가 하는 분명한 비전과 목표가 세워져 있어야 한다. 비전은 흔들리지 않는 자녀교육관을 만들고 열정을 샘솟게 한다. 목표는 바른 방향과 방법으로 실천하게 한다. 엄마가 지니고 있는 비전과 열정에 비례하여 자녀들 역시 꿈과 목표 또한 확실해지며 커진다는 사실을 잊지 말아야 한다. 때로는 당신의 자녀들이 엄마의 꿈과 비전을 질문할 수 있다는 것을 명심해야 한다. 엄마가 커다란 비전을 자녀에게 심어준다면 자녀는 자기 자신이 무엇이 되고 싶은지 그렇다면 왜 공부해야 하는지 이유도 알 수 있을 것이며 나아가 동기유발도 되어 학습능률을 촉진시킬 것이다.

하지만 자녀가 미래에 대한 비전과 목표가 분명하지 않다면 왜 자신이 공부를 해야 하는지도 모르는 채 그저 엄마가 시키니까 남들이 다하는 공부쯤으로 생각할 수밖에 없다. 그러면 좋은 결과를 얻지 못할 것이다. 공부는 자신이 뚜렷하게 목표를 세우고 실천을 해야 하는데 단지 엄마의 기대에 의해서만 공부를 하게 된다면 자녀들은 엄마의 꾸지람, 사람들의 시선이 두려워 보여주기 위한 공부를 하게 된다. 결국 이러한 공부는 전혀 능률적이지 않으며, 당연히 좋은 결과가 나올 리 없다. 보여 주기식 공부를 하는 아동들은 왜 공부를 해야 하는지의 필요성을 알지 못하게 됨에 따라 점차 공부가 싫어지게 된다. 따라서 엄마는 자녀가 어떤 비전을 가져야 하는지, 왜 공부를 해야 하는지를 인식할 수 있도록 대화를 통해 도와주는 역할을 수행해야 한다.

일본인들이 많이 기르는 관상어 중에 '코이(KOI)'라는 잉어가 있다. 이 잉어를 작은 어항에 넣어 두면 5~8cm밖에 자라지 않지만, 아주 커다란 수족관이나 연못에 넣어 두면 15~25cm까지 자란다고 한다. 그러나 강물에 방류하면 90~120cm까지 성장한다고 한다. 놀랄 만큼 성장할 수 있는 코이가 어항 속에서는 조무래기가 되는 이유는 어떤 환경이든 쉽게 스스로 적응해버리기 때문이다. 익숙해진다는 것은 이렇게 무서운 것이다. '코이'는 자기가 숨 쉬며 활동하는 세계의 크기에 따라 작은 잉어가 될 수도 있고 대어가 되기도 하는 것이다.

비전이란 '코이'라는 물고기가 처한 환경과도 같지 않을까? 더 큰 비전을 가지면 더 크게 자랄 수 있다. 성공하는 삶 역시 항상 커다란 비전과 함께 시작된다. 따라서 코이의 크기를 결정하는 것은 주변의 환경이며, 아이의 크기를 결정하는 것은 엄마의 대화에 달려 있다고도 할 수 있다.

〈비전을 통한 자기 주도적 학습 5단계 대화 방법〉

❖비전 함께 세우기

- 넌 지금 무엇을 위해 공부하려고 하니?
- 네 꿈은 뭐지?
- 네가 잘하고 네가 좋아하는 일이 어떤 것이 있을까?
- 넌 어떤 사람이 되고 싶니?
- 넌 미래에 어떤 모습으로 살고 싶니?

❖목표설정

- 네가 원하는 꿈을 위해서 무엇을 해야 하지?
- 네가 원하는 꿈을 이루려면 어떻게 해야 할까?
- 언제부터 시작하면 좋을까?
- 넌 미래에 어떤 모습으로 살고 싶니?

➜ 학습목표를 설정했을 경우

- 우리 함께 의논했던 학습목표를 이야기 해볼까?

  · 이번주 목표 : 숙제하고 나가 놀기

  · 이번달 목표 : 책 10권 읽고 목록 작성하기

  · 올해 목표 : 관악기 하나 배우기

❖실행플랜작성

- 주간실천계획표를 작성하여 매주 점검하기

- 제대로 하지 못했던 부분은 다시 설정하기

❖자신과의 서약

- 자신의 약속 다짐하여 선포하기

❖시각화하기

- 세워진 꿈과 목표를 시각화하고 가족과 친구들에게 선포하기

2. 자신감을 심어줘라.

공부를 못하는 자녀들을 살펴보면 대체적으로 공부, 시험에 대한 자신감이 없다. 잘하지 못할 것이라는 두려움이나 잘 모른다는 것 때문에 중도 포기하거나 시작조차 하지 않으려는 아이들이 너무 많다. 자신감이 없으니 의욕도 없기 마련이고 그래서 공부도 싫어진다. 이럴 때 엄마의 말 한마디는 자녀들에게 천군만마를 얻은 듯한 자신감을 주기도 하고 자녀들이 공부를 포기하게 하기도 한다. 믿는 대로 된다는 말이 있다. 공부 잘하는 자녀로 만들고 싶다면 자녀의 마음을 인정해 주고 긍정적으로 받아들여 주는 자세가 필요하다. 자녀를 인정하고 자신감을 북돋아 주는 대화의 습관이 정착되면 자연스럽게 엄마는 자녀를 이해하게 되고, 자녀는 엄마를 존경하는 아름다운 마음이 심어지게 된다.

자신감은 올바른 감성에서부터 자라난다. 그런 자신감을 심어 줄 수 있는 가장 좋은 방법은 엄마의 긍정적인 사고와 적극적인 격려 습관이다. 긍정적인 사고는 예를 들어 "물이 반 컵밖에 남지 않았네."와 같이 긍정의 말을 하는 것에서부터 시작하면 된다.

공부 못하는 자녀에게 시험성적이 좋지 않다고 비난을 한다면 자녀는 의욕과 자신감이 완전히 실추되어 회복하기가 매우 어려울 것이다. 또한 성적이 좋지 않아 우울해 하는 자녀에게 심적 괴로움을 우려해 "괜찮아", "다음에 시험을 잘 보면 되지"라며 보편적인 격려만 일삼아도 자녀에게 미치는 효과는 미미할 것이다. 하지만 반대로 엄마가 절대 비난하지 않고 자녀에게 "이번에는 원하는 결과를 못 얻었지만, 지금보다 조금만 더 노력하면 다음에는 틀림없이 좋은 결과가 나올거야. 너는 머리가 좋잖아.", "다음엔 복습만 철저히 하면 잘 될거야 자신감을 가져."라고 구체적으로 자녀의 자신감을 북돋아 주면 분명 좋은 결과가 생기게 된다. 그리고 평소에도 이와 같은 말로 꾸준히 자녀의 뇌를 자극시키고 자녀의 의욕을 고취시키면 분명 좋은 결과는 찾아오기 마련이다.

성공한 사람들의 배경을 잘 살펴보면 대부분 어린 시절부터 자녀의 가능성을 믿고 격려해 준 엄마가 있었음을 알 수 있다.

적극적인 격려로 자녀의 재능을 일깨워준 위대한 엄마들은 매우 많다. 발명왕 에디슨, 마이크로 소프트회사의 회장 빌 게이츠, 농구스타 샤킬 오닐, 세계적 동화작가 안데르센의 어머니 등, 그중에서 안데르센의 어머니의 일화는 엄마의 역할이 얼마나 중요한지를 잘 보여준다. 안데르센은 어렸을 때부터 글쓰기를 좋아했다고 한다. 11살 되던 해에는 직접 희곡을 써서 여러 사람들에게 읽어주었으나, 아무도 관심을 보이지 않았다. 들어주는 사람이 없자 늘 바쁘기만 한 이웃집 아주머니에게 찾아가서 읽어주었는데, 일하느라 정신없었던 그 아주머니는 너무 귀찮은 나머지 이렇게 소리를 지르고 말았다.

"할일이 산더미같이 쌓여 있는데, 뭐야, 나더러 그런 엉터리같은 글이나 들으면서 시간을 허비하라는 거야?" 그런 말까지 듣게 된 어린 안데르센은 그만 참지 못하고 울음을 터뜨리고 말았다. 이 과정을 옆에서 지켜보던 어머니는 안데르센을 꽃밭에 데려가 활짝 핀 꽃을 가리키며 말했다. "자, 이것 좀 봐라, 예쁘지?"

이번에는 이제 막 흙속에서 얼굴을 내민 어린 두 잎을 가리키며 말했다. "이건 어떠니? 아직은 작고 눈에 띄지 않지만, 이제 곧 아름다운 꽃이 필거야. 너도 이 어린 잎과 같단다. 아직은 잘 보이지 않지만, 머지않아 굉장한 꽃이 피어 사람들을 놀라게 할 거야. 그러니 실망하지 말고 이제부터 더 힘을 내는 거야, 알았지?"

안데르센은 훗날 유명한 작가가 되어서도 그날을 잊지 않고 두고 두고 회상했다고 한다. 안데르센의 어머니는 가난하고 글도 읽을 줄 몰랐지만, 꽃의 비유를 통해 아이가 자신감을 잃지 않도록 도와주었다. 이렇게 아들을 전적으로 지지하는 첫 번째 팬이 됨으로써 안데르센을 훌륭한 작가로 키워낼 수 있었던 것이다.

빌 클린턴 전 미국 대통령의 어머니는 "사랑한다". "네 능력을 믿는다."는 말을 늘 아들에게 들려주었다고 한다. 어머니가 심어준 사랑과 자신감 덕분에 클린턴은 알콜중독자인 양아버지 밑에서도 훌륭하게 자라 미국의 대통령이 될 수 있었다. 이처럼 엄마의 인정을 받으면서 자란 아이는 자신감과 자부심을 갖게 되고 남을 대할 때도 당당하게 처신할 수 있게 된다.

자신감을 키워주는 어머니 밑에서 어려서부터 큰 꿈을 가지고 긍정적으로 생각하는 습관을 가지게 되어 결국은 인생에서 성공하게 된 위인들을 주변에서 쉽게 찾을 수 있다.

결국, 엄마의 말 한마디는 자녀에게 자신감을 심어주고 인생에서 성공할 수 있도록 밑거름을 만들어 주는 중요한 역할을 한다.

〈자신감 있는 아이로 키우는 5가지 대화 방법〉

◈ 아이의 기를 살려주는 대화

아이가 새로운 일을 시도하려 할 때는 어른의 기준으로 무조건 못하게 할 것이 아니라, 곁에서 지켜봐 주면서 실패의 두려움을 없애주고 격려해 주는 것이 중요하다. 특히, 실패했을 때 결과보다는 도전 정신과 과정을 칭찬해 주라.

◈ 작은 일에도 칭찬을 해주는 대화

매일 한 가지 이상 잘한 행동에 대해서는 칭찬을 많이 해준다. 단순히 말만이 아니라 머리를 쓰다듬어주거나 어깨 등을 두드려 준다. 가볍게 안아 주거나 놀란 표정을 지어 온몸으로 아이를 칭찬해 주어도 좋다.

◈ 자녀가 스스로 해결 할 수 있는 기회를 만들어주는 대화

어떤 일을 할 때 지시하기보다는 아이가 스스로 심사숙고하여 문제를 해결 할 수 있는 충분한 시간을 주는 것이 좋다. 문제를 찾아 혼자서 해결할 수 있도록 끊임없이 격려하고 독립심을 북돋아 준다.

◈ 비난하거나 냉소적인 태도는 피하는 대화

아이가 비록 잘못을 했다 하더라도 감정적으로 얼굴을 붉히거나 무조건 크게 화내는 일은 삼간다. 간혹 아이가 한 일에 너무 화가 날 때 잠시 자신의 감정부터 다스리고 난 후 아이를 대해야 한다.

◈ 비교하지 않는 대화

형제나 친구, 친척과 비교해서 아이를 위축시키지 않는다. 아이가 또래에 비해 어떤 부분에서 발달이 늦더라도 상심하지 않도록 잘하는 것을 찾아서 칭찬한다.

3.호기심을 키워줘라.

　21세기 가장 큰 경쟁력은 창의력이다. 자녀들을 키우면서 좋은 인성을 키우는 것만큼 엄마가 관심을 갖는 분야가 바로 창의력이다. 어떤 엄마든지 내 아이가 창의력이 있고 생각하는 것이 남달랐으면 하는 바람이 있을 것이다.

　창의력을 키우는 것은 바로 사물에 대한 호기심을 갖는데서부터 그 씨앗이 생겨나고 다양한 질문을 통해 그 싹이 돋아난다. 이처럼 호기심은 자라나는 아이들에게 무척이나 중요하다. 너무 과해서 통제하기 어려워도 안되겠지만 적당한 호기심은 공부하는데 의욕을 증진 시킨다. 질문을 많이 함으로써 창의적인 생각을 유도하는 것도 창의력을 키우는데 큰 도움이 된다. 엄마가 자녀의 질문에 어떻게 대응하느냐에 따라 아이의 창의력이 쑥쑥 자랄 수도 있고 호기심 자체를 상실할 수도 있다. 아이들이 스스로 생각하는 힘을 키우기 위한 가장 좋은 방법은 대화이다. 자신의 질문에 반응하지 않는 엄마에게서 성장한 아이들은 시간이 갈수록 호기심이 사라진다. 호기심이 사라지는 순간 주변에 대한 모든 것에 대하여 큰 관심이 없어지게 된다. 그러나 그동안 아이의 질문에 무관심하게 반응을 했다고 해서 포기할 필요는 없다. 이제부터라도 엄마가 질문을 시작하면 된다. 호기심을 갖게 하는 질문을 통해 아이의 상상력과 표현력은 강화될 수 있다.

2002년 10월 9일, 일본의 평범한 한 연구원인 다나카 고이치로씨가 노벨상 화학상을 수상했다. 다나카는 노벨상 기념 강연에서 "나는 대학에서 화학을 전공한 사람이 아니기에 역대 수상자 중에서 최대의 도전자였다고 생각한다."며 운을 뗐다. "나는 샐러리맨 기술자이다. 두뇌가 뛰어난 것도 아니고, 전문 지식도 충분하지 않다. 하지만 내가 성공한 이유는 호기심을 가지고 묵묵히 연구를 해온 결과였기에 결국 호기심이 노벨상을 타게 한 것이다."라고 하였다.

인류역사의 모든 발전은 호기심에서 시작되었다고 해도 과언이 아니다. 발명왕 에디슨은 사물에 대한 호기심으로 출발하여 아주 기발한 아이디어로 인류의 역사를 발전시켰다. 만약 그가 없었다면 우리는 현재 음악을 들을 수도 없고, 밤에 공부를 할 수도 없고, 일을 할 수도 없었을 것이다. 어린 시절의 에디슨은 공부도 못하는 말썽꾸러기였다. 그래서 학교에서 쫓겨나기도 하였다. 그는 호기심이 너무 많아서 공부는 뒷전으로 미루고 달걀을 품는 등의 괴기한 행동으로 정상적인 사회생활을 할 수가 없었다. 누가 봐도 에디슨은 문제아였다. 그러나 그 '문제아'가 인류 발전에 눈부신 공헌을 했다.

전화를 발명한 알렉산더 그레이엄 벨은 "왜 멀리 있는 사람과 대화를 나눌 수 없는 것일까?"라는 호기심을 충족하려고 전화를 발명했고, 만유인력의 법칙을 발견한 아이작 뉴턴은 "왜 사과가 땅으로만 떨어질까?"라는 호기심을 가졌기 때문에 만유인력의 법칙을 발견 할 수 있었다.

오늘날 세계적인 거부이자 '컴퓨터의 황제'로 불리는 빌 게이츠도 못말리는 호기심 많은 아이였다. 남들은 컴퓨터가 뭔지도 모를 때 오직 컴퓨터에만 매달려 열 세살 때에는 세계 최초로 소프트웨어 프로그램을 만들었다. 그는 밤을 새워가며 컴퓨터를 연구했고 오늘날 세계 최고의 컴퓨터 황제가 될 수 있었다.

이처럼 호기심은 아이들의 성적 향상뿐만 아니라 성공하는데 중요한 영향을 미친다는 것을 알 수 있다.

〈호기심을 키워주는 대화 방법〉

❖ 자녀의 질문에 항상 관심을 보여 주어야 한다.

- "그래, 그게 궁금했었구나. 어떻게 그런 생각을 했니?"

❖ 자녀의 연령, 질문동기, 지능 정도를 고려하여 이해할 수 있도록 눈높이에 맞는 대답을 해준다.

❖ 질문에 칭찬을 해주며 자신감을 심어 주는 것이 좋다.

- "그래 참 좋은 질문이구나!"

"엄마는 이런 생각을 한 네가 정말 대단하게 느껴지는 걸."

❖ 어려운 질문은 백과사전, 과학도감, 인터넷 등으로 함께 찾아보는 태도가 필요하다.

- "엄마도 잘 모르겠구나. 우리 함께 찾아볼까?"

"엄마도 정말 그 답이 궁금한데?"

❖ 때로는 엄마가 질문을 던져 보라

　- "너라면 어떻게 할 것 같니?"

❖ 일방적인 대화보다는 생각할 수 있는 열린 대화

　- 닫힌 대화법 : 대답은 "네", "아니오"가 된다.

　　열린 대화법 : "오늘 배운 것 중 무엇이 가장 재미있었니?"

❖ 아이가 질문할 때 "만약?" 이라고 되물어 본다.

　- "왜 밤에 잠을 자야 하나요?"라는 아이의 질문에 "만약 잠을 자지

　　않으면 어떻게 되지?" 하고 되물어 본다.

❖ 자녀 질문에 즉각적인 대답보다 "글쎄, 왜 그럴까?"와 같은 질문으
로 반응하라.

4. 스스로 자료 찾는 습관을 길러주어라.

엄마의 마음은 다 똑같다. 자녀의 재능을 100% 발휘할 수 있도록 키우고 싶어 한다. 자녀의 창의력과 문제해결 능력을 키우는 방법은 생각보다 어렵지 않다. 질문하는 습관을 조금만 바꾸면 된다. 호기심이 많은 아이들을 살펴보면 귀찮을 정도로 아주 사소한 것에서 시작하여 복잡하고 난해한 대답하기 난감할 정도의 어려운 질문까지 많이 한다는 것을 알 수 있다. 하지만 엄마가 "모른다.", "바쁘다.", "알려고 하지마라", "공부나 해라"라는 식으로 어린 아이들의 호기심을 무시한다면 그 아이들은 "몰라도 된다."라는 인식에 호기심을 차단시키고 알려고 하는 의욕도 당연히 줄어들 것이다. 결국 공부와는 멀어 질 수 밖에 없다. 반대로 내 자녀가 습관적으로 거의 모든 일에 "예" "아니오" 라는 답으로 일관하거나 매사에 시큰둥하다면 엄마들의 질문 습관을 되돌아 볼 필요가 있다. 엄마들의 질문 습관과 자녀들의 질문에 답변하는 습관이 조금만 변한다면 아이의 무덤덤한 태도는 조금씩 사라지고 호기심과 질문이 많아질 것이다.

아이들에게 미치는 영향이 큰 만큼 질문에 성심성의껏 대답하여 주어야 한다. 그렇다고 해서 아이들의 왕성한 호기심에 의한 질문 모두를 전부 대답해 준다는 것은 여간 어려운 일이 아니다. 경우에 따라서 엄마가 자녀들이 생각 할 시간도 없이 성급하게 너무 많은 답을 쉽게 알려주는 것 역시 자녀들의 호기심과 사고력, 창의력에 저해가 된다. 자녀들의 질문에 대답할 상황이 여의치 않을 때라든지 혹은 충분히 자료 검색을 통해서 찾을 수 있는 경우에는 이웃, 친구, 신문, 인터넷 등 주변 환경을 이용하여 질문의 해답을 찾는 과정을 알려줄 필요가 있다. 이는 단순한 궁금증에 대한 해결 뿐만 아니라 궁금증을 해결하는 방법까지 터득해 사고하는 데 발전적인 영향을 줄 수 있을 것이다. 실제로 아이들은 자료를 찾으면서 어른들은 생각하지도 못하는 아이디어를 떠올리기도 한다. 아이들이 어려운 문제나 궁금한 내용을 접할 때 생각하는 시간 자체를 갖지 않고 바로 포기하는 경우가 너무 많다.

혼자 공부하는 학생들은 모르는 것이 나오면 스스로 해결하지 못한다. 다음날 학교에 가서 물어보자니 더 이상 진도가 나가지 않고 직장에 계신 엄마에게 일일이 전화할 수도 없기 때문이다. 이럴 때 엄마들은 대안이 없기에 학원이나 과외 선생님에게 의지할 수밖에 없다.

이때 평소에 질문과 궁금증을 해결하는 방법을 배운 자녀들은 스스로 자료를 찾거나 다른 교재를 통해 문제를 해결한다. 이러한 습관은 자기주도 학습의 가장 중요한 근간이 된다.

교과서 내용 중 의문이 생겼다면 자세한 해설이 나와 있는 자습서를 활용하게 하고 사회나 과학은 부교재를 함께 이용하도록 한다. 아이의 책꽂이에 적어도 국어사전과 대백과사전은 갖추어놓고 거의 습관처럼 찾아보게끔 유도해야 한다. 처음에는 찾는 방법을 알려주고, 찾아보면 공부에 어떻게 도움이 되는지 알려준다.

〈스스로 학습을 위한 대화 방법〉

❖ 바로 답하지 않는다.

🧒 : "엄마, 이건 뭐에요?"

👩 : "글쎄 답이 뭘까? 넌 어떻게 생각하는데?… 괜찮으니까 이야기 해봐."

❖ 처음에는 함께 방법을 찾는다.

🧒 : "생각해봐도 잘 모르겠어요."

👩 : "엄마도 궁금한데 그럼 우리 함께 찾아볼까? 어떤 방법으로 찾아 보면 좋을까?"

❖ 비슷한 상황에서 과거의 방법을 훈련할 수 있도록 한다.

🧒 : "사회자습서를 찾아봐도 모르겠어요. 인터넷으로 찾아볼까요?"

👩 : "그래 좋은 생각이구나. 그런데 다시 한번 사회 자습서를 펴서 엄마와 함께 관련 단원을 읽어볼까? 그래도 모르면 그 밑에 참고 한 부분을 읽으면 도움이 될 것 같은데. 우리 마지막에 인터넷을 검색해 보자."

5. 좋은 질문을 하라.

질문은 사람을 생각하게 만든다. 질문을 받으면 인간은 본능적으로 해답을 찾기 위해 생각을 한다. 반대로 지시를 받으면 지시만 이행하려고 할 뿐 생각을 하지 않는다. 엄마의 적절한 질문은 학생의 문제해결 능력과 창조성을 길러준다.

현 교육에서도 교사가 가르치는 대로 암기하는 식의 교육은 이미 지나간 방식이다. 7차 교육과정에서는 학생 스스로 창의적인 사고를 하고 주도적으로 학습하는 태도를 강조한다. 자신에게 필요한 것을 스스로 찾아서 공부하는 역량을 중요하게 생각하는 것이다. 그렇기 때문에 자녀에게 지시를 내리기보다는 스스로 생각하여 자신에게 적합한 해답을 찾아내도록 돕는 대화의 기술은 엄마가 반드시 가져야 할 역량이다.

좋은 대화의 핵심은 질문이다. 질문은 자녀가 자신의 능력을 활용하여 해답을 스스로 도출하게 하고 이 과정 속에서 많은 것을 얻게 해준다. 좋은 엄마라면 자녀에게 답을 제시하는 것이 아니라 좋은 질문을 던져야 한다. 자녀가 스스로 생각해야 할 상황이라면 해답을 주는 것이 아니라 질문을 던지는 것이 효과적이다.

자녀가 청소년이 되면 윽박지르거나 화를 내서 자녀의 행동을 통제할 수 있는 시기는 이미 지났다고 보아야 한다. 이제 엄마는 전략적으로 자녀와 대화를 해야 한다. 엄마는 자녀 스스로 행동하고 결정할 수 있도록 질문을 효율적으로 해야 한다.

일반적으로 가정에서 엄마와 자녀가 대화를 나눌 시간은 매우 부족하다. 자녀가 고학년으로 올라갈수록 엄마와 이런 대화를 나눌 시간은 더욱 부족해진다. 어떤 엄마들은 '저런 주제로 우리 아이와 10분 이상 이야기를 할 수 있을까?' 하는 의문이 먼저 들 것이다. 그러나 자녀에게 좋은 질문을 하고, 생각할 거리를 제공하여 자신에 대해 더 깊이 깨닫고 좀 더 높은 목표를 가지도록 도와주는 것이 엄마가 해야 할 역할이다.

엄마가 자녀와 대화를 나눌 때의 목적은 답을 제시하지는 않지만 자녀 스스로 최적의 답을 이끌어내는 것에 있어야 한다. 스스로 해결해야 할 문제에 대해 깊이 있게 생각해보고 내린 해결책에 따라 행동할 수 있도록 도와주는 과정을 통해 자녀는 생각하는 힘을 기르고, 책임감을 기를 수 있게 된다.

〈주의할 질문 방법〉

1. 의문형 문장형태를 띄고 있다고 해서 질문은 아니다.
2. 단답형의 대답이 나올 수 있는 질문을 피한다.
3. 정답이 없는 질문도 두려워하지 않는다.

〈잘못된 대화〉

    ✘ "숙제 했니?"

    ✘ "토마토는 채소일까?"

    ✘ "거미는 왜 다리가 많을까?"

〈지혜로운 대화〉

    ○ "너는 어떤 사람이 되고 싶니?"

    ○ "너에게 가장 소중한 것은 무엇이니?"

    ○ "이번 시험을 통해 네가 배운 교훈은 무엇이니?"

6. 집중력을 높여줘라.

    집중력이 높아지면 학습에 대한 자신감도 강화되고 학습을 스스로 하는 태도를 갖추면 성적이 향상되고 나아가 인생을 긍정적이며 낙관적인 사고방식을 갖게 되어 성공하는 인생을 살게 된다.

    집중은 "초점을 맞추는 것, 주의를 고정시키는 것"을 의미한다. 그러므로 집중력은 "초점을 맞추는, 주의를 고정시키는 행위 능력"을 말한다. 우리 자신의 정신에서 효과적으로 집중하기 위하여 우리의 모든 정신적 자원과 능력을 사용하여 사고의 단일 연쇄 또는 정보의 단일 조각에 초점을 맞추어야 한다. 집중력은 긴장 상태를 의미하는 것은 아니다. 진정한 집중력을 발휘할 때는 몸은 이완되는 반면 정신은 작용하여 문제를 해결하고, 처리하기 위하여 모든 자원을 이용하는 것이다.

〈집중력 향상을 위한 6단계 학습 대화 방법〉

1단계 문제 정의(무엇을 해야 하지?)

문제 정의는 공부를 시작하기 전에 "무엇을 해야 하니?", "풀어야 하는 문제가 뭐니?", "해야 할 게 무엇과 무엇이니?" 등의 질문을 하는 것이다. 많은 아이들이 무엇을 해야 하는지 스스로 결정해서 하기보다는 엄마나 선생님이 시키는 대로 하는 것에 익숙해져 있기 때문에 처음에 이런 질문을 받으면 대답을 잘 못한다. 아이가 선뜻 대답을 못한다고 해서 아이가 무엇을 해야 하는지 모른다고 단정을 짓고 엄마가 대신 말해 주어서는 안된다. 아이가 대답할 때까지 충분히 기다려 주면서, "오늘 숙제가 뭐야?, 학원가기 전에 해야 되는 건 없니?"와 같은 질문을 통해 약간의 힌트를 줄 수 있다.

　◎ "오늘 해야 하는 게 뭐가 있니?"
　◎ "풀어야 하는 문제가 뭐니?"
　◎ "어떤 공부를 해야 하니?"

2단계 계획수립(어떻게 해야 할까?)

무엇을 해야 하는지가 결정되면 "오늘은 숙제하는데 시간이 얼마나 걸릴 것 같으니?", "보통 너 학습지 한장 하는데 몇 분 걸리지?" 등의 질문을 통해 활동별 소요 시간을 예상하면서 계획을 세우고 효율적인 방법을 찾도록 한다. 아이들은 어른만큼 정확한 시간 개념을 가지고 있지 않기 때문에 이런 질문에 대답을 잘 못한다. 보통 한 시간 이상

붙들고 있어야 끝나는 일도 "금방 해요. 한 20분?"이라고 말하기도 하고, 30분이면 끝낼 수 있는 것도 "한 시간요"라고 말하기도 한다. 이때 "바보같이. 그거 계산도 못하니?"라고 말하거나 "말도 안 되는 소리하지 마! 너 평소 하는 거 봐서는 3시간도 모자라겠다!"라는 식의 말은 하지 말아야 한다. 아이의 예상을 그대로 인정해 주고, 우선은 그 안에서 계획을 짤 수 있도록 도와준다.

◎ "오늘 국어, 사회 숙제랑 학습지를 해야 한다고 했지?"
◎ "그걸 다 끝내려면 시간이 얼마나 필요할 것 같으니?"
◎ "국어 숙제만 하는 데는 시간이 얼마나 걸릴 것 같으니?"
◎ "보통 학습지 한 장 하는 데 몇 분 걸리지?"

3단계 중간점검 (어떻게 하고 있지?)

해야 할 것이 무엇이며 어떻게 할지를 결정한 후에는 실제 활동에 들어간다. 그 활동은 책을 읽는 것일 수도 있고, 문제지를 푸는 것일 수도 있으며, 숙제를 하는 것일 수도 있다. 일단 활동이 시작되면 아이에게 말을 걸지 말고 아이 스스로 주어진 과제를 마치도록 하는 게 제일 좋다.

하지만 아이가 처음의 계획과 다르게 문제에 접근하거나 딴 생각에 빠져 있는 것처럼 보일 때에는 질문을 통해 아이가 중간 점검을 잊지 않도록 이끌 수 있다.

◎ "좀 전에 세운 계획대로 하는데 혹시 어려운 점이 있니?"

◎ "계획한 시간 내에 끝내려면 지금 어디까지 해야 할까?"

4단계 끝낸 후 점검(어떻게 했지?)

"어떻게 했지?"는 과제를 끝낸 후에 제대로 했는지, 실수한 게 없는지, 빠뜨린 것은 없는지 확인하는 습관을 길러주기 위한 질문이다. 아이가 책을 덮고 다른 활동을 시작하기 전에 잠깐 책상 옆으로 가서 공부한 것을 한번 얘기하도록 할 수도 있고 연습장에 요약해 보도록 지도할 수 있다. 아이가 너무 많은 것을 빠뜨리거나 건성으로 한 것처럼 보여도 절대 화를 내거나 야단을 쳐서는 안 된다.

◎ "우리 계획한 대로 되었는지 확인해 볼까?"
◎ "계획한 시간 안에 끝낼 수 없었던 이유가 뭘까?"
◎ "다음에 계획할 때에는 숙제하는데 걸리는 시간을 몇 분으로 할까?"
◎ "오늘 ○○가 어떤 공부를 했는지 엄마가 너무 궁금한데 얘기해 줄 수 있겠니?"

5단계 칭찬과 격려

4단계에서 아이가 엄마의 질문에 척척 조리 있게 대답을 잘한다면 더할 나위 없이 좋겠지만 대부분의 아이는 많은 것을 빠뜨리고, 금방 공부한 것도 더듬거리며 얘기한다. 이때 절대 화를 내거나 야단을 치지 않는 것이 중요하다. 집중력을 높이는 대화법 마지막 단계가 바로 칭찬과 격려이기 때문이다.

◎ "○○는 기억력이 좋구나. 처음에 엄마랑 약속한 것을 하나도 빠트리지 않고 기억해서 해내다니!"

◎ "오늘 배운 새로운 내용을 모두 기억하는 것은 엄마라도 어려울 거야. 그래도 구구단을 누구보다 정확하게 외우고 있으니까 엄마랑 다시 해보면 풀 수 있을거야."

7. 칭찬하라.

성적을 올리는데 중요한 여러 가지 대화법들이 있겠지만 그중에서도 칭찬은 가장 중요하다. 이미 여러 언론이나 매체에서 칭찬의 중요성을 강조해왔고 앞으로도 더욱더 강조해도 지나침이 없을 것이다.

칭찬은 가장 빠르게 자신감과 행복감을 갖게 하고 자석처럼 서로 끌어 당겨 하나가 되게 할 뿐 아니라 불가능도 가능하게 만드는 위대한 힘이 있다. 칭찬과 비난은 상반된 위치에 있어 칭찬의 무게가 커지면 비난의 무게는 자연히 줄어든다.

위인들의 업적을 보면 그들 혼자만으로 이룩된 성과가 아니란 걸 알수 있다. 그 뒤에는 조력자와 더불어 그들이 전하는 참된 칭찬과 격려가 뒷받침되어 있다. 이들의 평범했던 인생을 바꿔 놓기도 한 마법의 언어, 칭찬과 격려. 이는 사람이 갖고 있는 능력과 잠재력을 최대한 활용하도록 만드는 촉진제와 같다.

세계적인 발레리나 강수진의 인생을 역전시킨 것은 다름 아닌 진심어린 칭찬이었다. 그녀는 1985년 동양인 최초로 스위스 로잔 콩쿠르에서 그랑프리를 차지하였다. 최고의 자리에 오르기까지 그 무게만큼의 고난과 역경을 경험해야 했던 그녀였지만 그녀의 곁엔 스승의 칭찬이 함께했다. 고전무용을 하다 남들보다 뒤늦은 중학교 때 시작한 발레였기에, 열등생 중에 열등생이었던 그녀에게 발레는 지겹고 짜증나는 종목이었다. 하지만 세계적인 발레리나를 꿈꿀 수 있게 해준 외국인 발레선생님, 캐서린이 있었다.

캐서린 선생님은 그녀에게 "수진이는 팔 다리가 길고 예뻐서 조금만 노력하면 멋진 동작을 만들 수 있어. 조금만 더 잘 해보자"면서 격려를 해주었고, 그녀의 동작 하나 하나가 한편의 시와 같다면서 나날이 발전하는 강수진의 모습을 칭찬했다.

그녀는 선생님의 칭찬으로 힘을 얻었고 발톱이 빠지고 발가락이 뭉그러질 때까지도 연습하고 또 연습했다. 결국 그녀는 세계의 무대로 나갈 수 있었다.

위의 이야기에서도 알 수 있듯이 이렇게 칭찬은 한사람의 인생을 뒤바꿀 만큼 미치는 영향이 크다고 볼 수 있다. 칭찬을 할 때는 결과보다는 노력과 과정에 대해 칭찬해야 한다. 무턱대고 결과만 칭찬할 경우 아이들은 좋은 결과를 내는 것에 대해 스트레스를 받게 된다.

그 예로 칭찬이 어떤 결과를 낳게 되는지를 보여 주는 연구결과가 2007년 2월 19일자 뉴욕매거진에 실렸다. 심리학자 캐롤 드웩과 연구진의 10여년간의 연구결과는 '똑똑하다'고 칭찬을 해야 한다고 믿는 사람들의 생각을 뒤집었다. 똑똑하던 많은 아이들의 성취가 갈수록 낮아지는 것은 오히려 똑똑하다는 칭찬 때문이라는 것이다.

이 연구에서는 학생들의 지능을 칭찬하는 그룹과 노력을 칭찬하는 두 그룹으로 나누어 시험점수에 대해 칭찬을 한마디씩 덧붙였다. 이후 아이들에게 두 시험 중 하나를 고르게 했다. 교사들이 한 시험에 대해서는 처음보다 좀 더 어렵지만 많은 것을 배울 수 있다고 말하고 다른 시험은 지난번과 같은 정도의 시험이라고 말하게 했다. 노력그룹의 90퍼센트가 더 어려운 시험을 선택하고 지능그룹의 대부분은 쉬운 시험을 선택했다.

또 그 다음 시험에서는 모두 성적이 좋지 않았지만 반응은 달랐다. 노력그룹은 집중하지 못했기 때문이라고 생각하고 적극적으로 된 반면, 지능그룹은 실제로는 똑똑하지 못한 증거라고 생각했다. 마지막 시험에서 노력그룹은 30퍼센트 정도까지 향상되었고 지능그룹은 처음보다 20퍼센트 가량 떨어졌다.

이 연구는 아이의 재능이 아닌 노력과 과정을 칭찬해야한다는 결과를 말해주고 있다.

8.긍정적인 마음을 심어주어라.

긍정적인 생각이 일을 함에 있어서 미치는 영향이 매우 크다. 사람의 뇌는 관심 있는 일에 초점을 맞추고 그렇지 않은 일은 금세 소멸시키기 때문에, 사물을 긍정적으로 보면 긍정적인 사고가 강화되지만 부정적으로 보면 그 반대가 된다. 아이의 성적이 아이가 기대한 만큼 좋지 않게 나왔을 경우 "내가 그럼 그렇지" "난 공부랑 맞지 않구나?" 하며 부정적인 생각을 한다면 후속학습에도 그 영향이 미쳐 결코 능률적인 학습이 이루어질 수 없을 것이다. 반면에 긍정적인 생각과 태도가 몸에 배인 아이는 "다음에는 더 열심히 공부해서 좋은 성적을 받아야지" 라며 오히려 전화위복의 기회로 삼고 자극을 받게 될 것이다.

미국 존스 홉킨스 병원의 소아외과 의사인 벤카슨 박사는 샴쌍둥이 형제의 분리수술을 성공시키면서 일약 세계에서 가장 위대한 의사 5명 중 한명이 되었다. 벤카슨 박사는 많은 의사들이 수술을 포기하여 생명의 불씨가 꺼져가고 있던 4살짜리 악성뇌암 환자와 만성뇌염으로 하루 120

번씩 발작을 일으키던 아이를 수술하여 완치시켰고, 1987년에는 세계에서 처음으로 머리와 몸이 붙은채 태어난 샴쌍둥이를 분리하는데 성공했다. 이 수술때문에 그는 '신의 손'이라는 별명을 얻었다. 벤카슨은 편모슬하에서 자라면서 불량소년들과 어울려 싸움을 일삼는 흑인 불량소년에 불과했다. 흑인이었기에 친구들에게 따돌림을 당하고 초등학교 5학년 때까지 구구단을 암기하지 못했으며 수학시험을 한 문제도 맞추지 못해 급우들의 놀림감이 되곤 했다. 그런 그가 '신의 손'이라 불리는 유명한 의사가 된 것이다. 어느 날 기자가 찾아와 물었다. "오늘의 당신을 만들어준 것은 무엇입니까?" 그러자 벤카슨은 "나의 어머니 덕분입니다. 어머니는 내가 늘 꼴찌를 해도 흑인이라고 따돌림을 당할 때도 언제나 '벤, 넌 마음만 먹으면 무엇이든 할 수 있어. 노력만 하면 할 수 있어.' 라는 말을 끊임없이 들려주면서 내게 격려와 용기를 주었습니다." 라며 긍정적인 격려와 용기가 자신을 이렇게 유명하게 만든 것이라고 말했다. 벤카슨은 어머니가 끊임없이 불어 넣어준 노력만 하면 무엇이든 할 수 있다는 말에 사로잡혀 중학교에 입학하면서부터 공부에 집중하기 시작해 명문 미시간 대학교 의과대학을 졸업하고 "신의 손"이라 불리는 의사가 된 것이다.

이처럼 행동은 사고에서 오고 사고는 언어에서 오기 때문에 모든 일을 긍정적으로 보려면 긍정적인 언어를 사용해야 한다. 긍정적인 언어를 사용하는 습관은 주로 엄마에게 많은 영향을 받는다.

가끔 자녀가 부정적인 언어를 사용하는 경우 엄마들은 자녀의 부정적 사고를 바꿔 주기 위해 "안돼.", "그렇게 생각하면 못써."라고 자녀를 평가하는 말을 한다. 그러나 정말 사고를 바꿔주고 싶다면 이야기를 들어준 후 "엄마는 그 이유가 궁금한데 말해 줄래?" 라는 식으로 되묻고 관점 전환을 할 수 있는 대화를 하여 아이를 긍정적인 방향으로 이끌어야 한다.

〈긍정적 사고 3원칙 대화 방법〉

➡ 아이가 어떤 생각과 감정을 갖고 있는지 경청한다.

🧒 : "엄마 속상해요. 선생님이 정말 싫어요. 학교에도 가기 싫어요."

👩 : "많이 속상한 일 있었구나. 무슨 일이 있었니?"

➡ 질문을 통해 부정적 사고의 이유를 파악한다.

🧒 : "선생님이 제 말은 듣지도 않고 수업시간에 집중 하지 않는다고
혼내잖아요. 친구가 지우개 빌려달라고 해서 그랬는데."

➡ 새로운 관점으로 해석한다.

👩 : "그래, 마음이 많이 아팠겠구나. 엄마도 네 마음이 이해가 되는
구나. 선생님이 널 미워서 그랬겠니? 많은 친구들을 살펴보는데
선생님께서도 힘이 드실거야. 엄마는 너 하나도 힘든걸. 내일 너
의 마음을 편지에 담아 선생님께 드리렴."

9.스트레스를 날려 주어라.

      스트레스는 '해당 개인이 처리하거나 감당하기 어려운 정신적, 신체적, 사회적 변동'이라고 말할 수 있다. 급격하게 변동하는 현대 사회에서 스트레스를 받지 않고 생활하기란 불가능할 것이다. 스트레스가 해소되지 않고 누적되면, 심신의 기능이 떨어져 여러 가지 질병에 걸리기 쉽다고 한다. 어른들은 잠이 오지 않는다거나, 소화가 되지 않는 등의 스트레스 증상을 느끼게 되면, 자신의 행동을 되돌아보고, 감정을 표현하는 방법을 찾고, 운동을 하거나 이야기를 나누는 등 여러 가지 방법을 스스로 시도해 볼 수 있다.

      그렇다면, 아이들은 어떨까? 아이들도 스트레스를 받을까? 아이가 스트레스를 받고 있다는 것을 엄마, 아빠는 어떻게 알 수 있을까? 스트레스를 받는 이유는 무엇일까요? 스트레스를 받는 아이를 엄마, 아빠는 어떻게 도울 수 있을까?

      오늘날의 아이들은 급속한 사회적 변화로 인해 과거의 아이들보다 훨

썬 다양하고 빈번한 스트레스를 경험하고 있다. 학원에 가야하는 일, 뛰어 놀기가 부족한 공간, 소음, 병원에 가서 주사 맞는 일, 치과 가는 일, 과도한 TV시청과 인터넷의 발달, 집단 따돌림, 공부, 엄마의 부재, 인스턴트 음식으로 인한 성격 변화 등 많은 스트레스로 병원을 찾고 있다.

우리나라의 빨리 빨리 증후군도 여기에 한 몫을 한다고 할 수 있다. 아이들은'빨리 먹어야 하고, 빨리 씻어야 하고, 빨리 공부하기'를 강요받는다. 그리고 요즘 엄마들은 아이들이 빨리 성장하도록 재촉하기도 한다. 글을 빨리 깨쳐야 하고, 영어를 빨리 익혀야 한다. 이런 신세대 엄마들의 극단적인 육아 양육형태가 아이들에게 엄청난 불안과 스트레스를 주어 비디오 증후군, 학습지 증후군과 같은 신종 질환들을 만들어 내고 있는 것도 사실이다.

그러면 아이들의 스트레스를 알 수 있는 신호는 무엇일까? 가장 먼저 뚱뚱해지기 시작하면 우선 스트레스가 있다고 보아야 한다. 또한 아이들이 스트레스를 받기 시작하면 짜증을 내고, 이유없이 화를 내기도 한다. 그리고 행동과 언어에서 부정적인 표현방식을 많이 사용하게 된다.

누구나 스트레스로 힘들어 할 때는 위로 받을 수 있는 사람이 필요하다. 아이에게는 힘든 상태를 가장 잘 이해 해 주고 말 한마디라도 감싸 안아주는 엄마가 필요하다. 아이가 스트레스로 힘들어 할 때, 매사에 긍정적인 말로 아이의 말을 수용하고 지지해 주어야 한다.

1980년대 죄수들이 너무 난폭하기로 소문이 난 미국의 어떤 감옥이 있었다. 죄수들끼리 서로 싸움을 하기도 하고 너무 거칠기 때문에 아무도 그곳의 책임자로 가려고 하지 않은 곳이었다. 그래서 '사람의 마음을 안정시키는 색깔이 무엇일까?'란 실험을 한 결과 연한 핑크색을 가장 편안한 색으로 꼽았다. 그 당시 칙칙한 회색이었던 교도소의 벽 색깔을 핑크색으로 바꾸자 놀랍게도 교도소 내 폭력사고가 눈에 띄게 줄었다고 한다. 핑크색은 엄마가 아이를 임신 했을 때 자궁 내부의 색이어서 편안함과 안정감을 동시에 준다고 한다.

스트레스가 꼭 나쁜 것 만이라고는 할 수 없다. 적당한 스트레스는 이겨냈을 때 더 자신감과 성취감이 생긴다고 한다. 하지만 장기적으로 지속되었을 때는 각종 병의 원인이 되기도 하므로 항상 눈높이를 아이에게 맞추어 함께 긍정적인 대화를 하면서 이해해 주면 스트레스를 줄여주는 한 방법이 될 것이다.

〈어린이 스트레스가 의심되는 행동 10가지〉

1. 감정조절을 잘 못하고 자주 짜증을 내거나 공격적이다.

2. 숙면을 이루지 못하고 두통을 호소한다.

3. 또래 친구들과 어울리지 못하고 외톨이 성향을 보인다.

4. 사람들의 눈치를 살피고 눈동자가 불안하다.

5. 눈을 자주 깜박거리고 킁킁거린다.

6. 낙서를 하거나 같은 놀이를 반복한다.

7. 나이에 비해 언어 능력이 떨어진다.

8. 유치원이나 학교가기를 싫어한다.

9. 손톱 깨무는 버릇이 있다.

10. 산만하고 집중력도 많이 떨어진다.

〈스트레스 줄이는 8가지 대화 방법〉

1. 어린이가 하는 말을 비판 없이 들어주어라.
◎ "음, 그랬구나! 그런 일이 있었구나. 그래서 마음이 안 좋았구나."

2. 엄마부터 작은 일도 아이와 함께 대화 나누는 습관을 가져라
◎ "엄마는 오늘 냉장고 정리를 했더니 기분이 너무 상쾌하고 좋은 거 있지."
◎ "너도 오늘 기분 좋은 일 있었니?"

3. 사소한 일도 칭찬하고 격려하라.
◎ "골고루 밥을 잘 먹으니까 정말 엄마는 네가 예쁘다."
◎ "아침 일찍 일어나니까 서두르지 않아도 되고 너무 좋은데"

4. 몸을 써서 즐겁게 할 수 있는 놀이를 찾아라.
◎ "아빠와 뒷동산 갈까?", "아빠와 자전거 타는 게 어때?"

5. 가족이 큰 소리로 함께 노래를 불러라.
◎ "요즈음 네가 좋아하는 노래가 뭐니? 너무 빠른 노래 아니면 배워 보자."

6. 힘들 땐 엄마 품에 안겨 실컷 울게 해라
◎ "우리○○, 이리 와. 엄마가 꼭 안아 줄께."
   (대화하려고 하지 말고 품어주자)

<u>7</u> 일주일에 한 번 이상 뭐가 힘든지 물어보아라.

◎ "요즈음 힘든 일 없니? 무슨 일 있니?"

<u>8</u> 자주 안아주고 사랑하는 마음을 보여줘라.

Part 3 나를 리더로
키워주세요.

디스카운트 언어 : 네 까짓 것이 뭘해.

난 이미 그럴줄 알고 있었어.

넌 늘 그렇잖아.

스트로크 언어 : 엄마 아빠는 널 믿고

널 위해 기도한단다.

씩씩한 우리 아들만 보면

엄마는 힘이 나요.

우리 ○○! 목표가 근사하다.

21세기는 의사결정 능력이나 의사소통 능력 등 다양한 리더십 능력을 요구하고 있다. 그럼에도 여전히 많은 사람들이 리더십 능력은 천부적인 성향으로 인식하고 있는 경향이 있다.

보편적으로 엄마가 내성적이고 민감성이 떨어질 경우 그 기질이 유전적인 영향으로 자녀들의 모습 속에 그대로 나타나는 경우가 많이 있기 때문이다. 하지만 최근의 연구는 "우리 모두는 노력에 의해 보다 나은 리더가 될 수 있다"는 점에 동의하고 있다. 리더십 역시 꾸준한 노력을 통해 모두가 리더십 능력을 향상시킬 수 있다.

리더십이 있으면 오늘날 우리가 그토록 빈곤으로 느끼는 정치력도 얼마든지 발휘할 수 있고 그 정치력으로 경제도 경쟁력 있게 발전시킬 수 있고 사회통합도 수준 높게 진작시킬 수 있다. 특별히 미래의 주역인 자녀들에게 리더십 능력이 필요한 것도 바로 이러한 이유 때문이다. 내 자녀가 리더십 능력이 키워지게 되면 인생의 올바른 가치와 명확한 삶의 비전을 가짐으로써 자신의 삶을 주도적으로 운용해 갈 수 있는 능력이 길러지고 자신의 삶을 엄마나 타인에게 의존하지 않고 자신의 합리적 판단에 따라 책임감을 갖고 선택하고 수락하고 거절하는 방법을 스스로 터득하여 주체적인 삶을 살아갈 수 있게 될 것이다. 그리고 일상생활 속에서 자신과 생각과 뜻이 다른 사람을 만났을 때 서로의 갈등을 줄이고 슬기롭게 타인을 존중하면서 함께 살아갈 수 있는 인간관계 능력이 키워질 뿐 아니라 남의 의견을 제대로 경청하고 자신의 의견을 정확히 표현하고 전달할 수 있게 될 것이다. 또한 토론과 토의 능력을 통해 리더로서 남이 어려울 때 기꺼이 도울 수 있는 헌신적인 삶을 살 수 있게 될 것이다.

그렇다면 내 아이를 리더로 키우려면 어떻게 지도해야 할까? 과거에는 카리스마와 언변 혹은 나이, 지위 등이 리더십을 가름하는 중요한 요소로 통했다. 하지만 요즘의 리더는 창의적 리더십, 부드러운 리더십, 감성적 리더십 등 보다 복잡하고 다양한 능력을 요구한다.

감성적 리더로 표현되는 리더의 요건은 한마디로 '사회성'. 지도와 통솔하는 능력뿐만 아니라 사회적 관계를 만들고 이끄는 능력이 더욱 중요해지고 있음을 뜻한다. 따라서 요즘의 리더십 교육은 단순히 자신의 생각을 정확하게 표현하는 능력, 많은 사람 앞에서 의연하게 나설 수 있는 자신감 외에도 사람들과 잘 어울릴 수 있는 능력, 남의 감정을 잘 이해하는 동시에 자신의 감정을 올바르게 표현하는 능력 등에 초점이 맞춰지고 있다. 아이에게 이런 리더십을 키워주기 위해서는 단순히 웅변학원이나 스피치학원에 보낼 것이 아니라, 집에서, 생활속에서 올바른 인성을 키워주는 것이 무엇보다 중요하다. 자신의 생각과 느낌, 아이디어를 다른 사람이 이해할 수 있도록 정확하게 전달하는 능력은 리더에게는 필수 덕목이다. 또한 자신의 생각을 제대로 인식할 수 있는 능력이 동시에 요구된다. 따라서 종합적인 말하기, 듣기, 읽기, 쓰기와 같은 의사소통 교육이 필요하다.

1. 자녀에게 존댓말을 사용하라.

　　엄마는 자녀의 거울이다. 엄마의 가치나 목적, 성실한 삶의 모습은 자녀의 역할 모델이 된다. 그래서 엄마가 자녀에게 존댓말을 사용하면 아이도 저절로 따라하게 마련이다. 그러나 엄마가 자녀에게 존댓말을 사용하기란 그리 쉬운 일이 아니다. 그렇다고 해서 어려운 일도 아니다.

　　우선 아이가 말을 배울 때가 되면 엄마는 아이와 대화를 할 때 존댓말을 사용함으로써 아이에게 본보기가 되어야 한다. 또한 아이를 자신의 소유물이 아닌 하나의 인격체로 보고 아이를 존중해주는 차원에서도 좋은 방법이라고 할 수 있다. 존댓말 가르치기에 실패하는 엄마들을 보며 엄마는 반말을 하면서 아이에게는 존댓말을 사용하라고 강요하기 때문인 경우가 많다. 말은 모방에서 시작된다. 엄마에게서 존댓말은 배운아이는 어느 누구에게든지 예의바른 행동을 하게 되고 다른 사람을 존중할 수 있게 된다. 리더는 자신이 책임지고 있는 조직 구성원들을 존중할 줄 알아야 한다. 아동에게 존댓말 하는 습관을 통해서 타인을 존중할 줄 아는 능력을 기른다. 그렇기 위해서는 엄마가 먼저 자녀들에게 존댓말을 사용함으로써 아이들이 듣고 따라하는 방법을 통해서 존댓말을 습관화하게 한다.

어른들의 말하기 습관이 좋지 않거나 집안에서 대화 습관이 좋지 못하면 자녀의 말하기 습관도 나빠지는 것은 당연하다. 문제는 말하기 습관을 어려서 잘못 들여놓으면 다 성장한 다음에는 잘 고쳐지지 않는다는 것이다. 따라서 아예 말을 배울 때부터 존댓말을 제대로 사용하도록 지도하는 것이 좋다. 어려서부터 존댓말을 사용하는 습관을 들이면 성인이 된 후 자연스럽게 존댓말을 사용할 수 있게 되어 결국은 사람들이 좋아하는 리더가 될 수 있다. 엄마가 자녀에게 돈을 들여 피아노, 미술, 수학, 국어 등 여러 학원에 보내고 공부도 열심히 시키는 이유는 자녀가 자란 후 훌륭한 사회인으로 인정받도록 하기 위해서일 것이다. 그러나 앞으로는 말하는 습관이 바르지 못하면 아무리 성적이 좋고 재능이 많은 사람도 존경받기가 어렵다.

〈존댓말 사용하는 대화 방법〉

❖ 엄마와의 대화를 통해서 습득하는 것이 효율적이다

◈ **부부 대화**

◎ "여보, 주말인데 하루 종일 집에만 누워 있을 거야. 허리도 안 아파."

◎ "피곤해서 잠 좀 자야겠어. 제발 좀 쉬게 나 좀 놔두라."

◎ "다른 집들은 주말이면 가족끼리 등산도 가고 영화도 보고 그런다는데."

◈ **엄마와 아이**

　◎ "엄마, 피자 좀 사 줘."

　◎ "피자 좀 사 줘가 뭐니? 너는 도대체 몇 살인데 '사 주세요.' 라는
　　 말도 못하니?"

　◎ "엄마는 아빠랑 존댓말 사용 안하잖아요?"

➜ 아이들은 엄마의 대화 습관에서 혼란스러움을 느낀다.

존댓말을 사용하지 않는다고 아이들을 나무라기 전에 부부가 존댓말
을 쓰면 아이들도 따라서 존댓말을 사용하기 때문에 교육적으로도 좋
다.

❖ 물질적인 보상이 아닌 사회적 보상을 해 준다.

　◎ "씩씩한 우리 아들, 신발정리 좀 도와주세요."

　◎ "예쁜 우리 딸, 화분에 물 좀 주면 좋겠어요."

　　(머리를 쓰다듬고 포옹을 해주며)

　◎ "너희들이 도와주니까 엄마 기분이 너무 좋은 걸. 수고했다."

➜ 돈이나 과자를 사준다든가 하는 물질적 보상이 아닌 스킨십이나 칭
찬을 통한 사회적 보상이 효과적이다.

2.자녀가 할 말을 대신하지 마라.

　리더에게는 자신이 생각하고 그 생각을 명료하게 정리하여 말하는 능력이 필요하다. 리더로서 자신이 말하고자 하는 내용을 불분명하게 하지 말고 정확하고 명료하게 말할 수 있어야 한다. 자녀에게 이 능력을 길러주기 위해서는 자녀가 할 말을 대신하여 말하지 않고 엄마는 아이에게 스스로 생각하고 결정하고 행동할 수 있도록 기다려주고 공감해 주어야 한다.

　대부분의 엄마들을 보면 내 아이가 원하는 것을 말하려 할 때 말이 끝나기도 전에 주관적으로 판단해 버리는 경우가 많다. 그것이 아이에게 원하는 바를 빨리 전해 들었다고 생각하겠지만, 그것은 아이가 스스로 생각하고 정리하는 능력을 저하시키게 된다.

　아이가 어리다고 생각이 없는 것이 아니다. 물론 아동들은 생각하고 그것을 정리해서 말할 수 있는 능력이 성인에 비해 매우 부족하지만, 아동들만이 가지고 있는 나름대로의 생각이 있으며, 표현방법이 있다. 엄마의 기준으로 아동의 생각을 대신 말하는 행동을 자주하게 되면 아이들은 자신의 생각을 정리하여 말 할수 있는 능력이 떨어지게 된다. 자녀가 할 말을 대신하는 이런 현상이 반복될수록 아이는 다른 상황에서도 자신이 직접 생각한 것을 말하지 않아도 엄마가 옆에서 대신 해준다는 생각에 자신의 생각을 정리하는 노력을 하지 않게 될 것이다. 엄마가 아이에게 말을 걸거나 또는 아동이 먼저 말을 걸어올 때에는 아동이 생각하고 있는 것을 스스로 정리하여 끝까지 말할 수 있도록 가만히 지켜봐 주며, 아동이 말을 조리있게 못하거나 잘 이해 할 수 없는 내용이라도 자녀가 말을 할 때는 마치 어른과 이야기하듯이 열심히 경청해주고 "그래?" "그렇구나!" 하는 식의 감정코칭을 해주자,

이런 활동이 반복될수록 아동은 자신의 생각을 정리하는 능력이 늘어나며 동시에 스스로 조리있는 말 습관을 기르는데 많은 도움이 된다. 리더십이 있는 아이로 키우기 위해서 엄마는 일찍부터 가능한 한 많은 부분을 아이 스스로, 끝까지 해내도록 허용하는 태도를 보여야 한다.

〈이웃집 아주머니를 만났을 경우〉

백화점에 엄마와 손을 잡고 가는 도중에 아동이 이웃집 아주머니를 만났을 경우이다. 아주머니는 귀여운 아이를 지나치지 못하고 아이에게 묻는다.

◀◦ 이웃집 아주머니 : "얘, 너 어디 가는 중이니?"

◀◦ 아이 : "……."

◀◦ 엄마 : "백화점에 가는 중이예요"

아이들은 자신이 엄마와 백화점에 가는 중이라고 말하려 하지만 생각대로 정리하여 말하는 능력이 부족하다 보니 불분명하게 말을 하는 경우가 많다. 그럴 때 옆에 있던 엄마는 아이가 말하려는 의도를 무시한 채 이웃 아줌마에게 답변해 버린다. 엄마가 아이 대신 말하는 동시에 아이는 하고 있던 생각을 멈춰버리게 된다.

3. 논리적으로 말하게 하라.

　　자신의 생각을 타인에게 자연스럽게 펼쳐 보이고 상대방의 이해와 공감을 끌어내는 말하기 능력은 점차 우리 사회의 리더가 갖춰야 할 필수 덕목으로 중요시 되고 있다. 그러나 이러한 능력은 언어 습관이 생기기 시작하고 사고의 기틀이 마련되는 어린 시절부터 훈련받고 다듬어져야 한다. 아동을 리더로 키우기 위해서 논리적으로 말하는 능력은 어떻게 키워야 할까? 이런 습관은 사고의 기틀이 마련되는 어린 시절부터 훈련받고 다듬어져야 한다. 자녀와 말할 때에는 자녀의 개인 감정을 앞세우지 않도록 지도하며, 동시에 원인과 결과를 정확하게 말하는 습관을 기르도록 대화를 통해 지도한다. 대표적인 것으로 독서를 들 수 있다. 그림책이나 동화책을 아이에게 읽어주며 아이에게 느낀 점을 이야기해 보도록 유도하면서 아이의 의견을 말하게 한다. 아이의 의견이 늦더라도 엄마는 책 내용을 대신 설명하려 하지 말고 인내력을 가지고 아이의 생각에 귀를 기울여주며 공감해주는 것을 잊지 말아야 한다. 실생활에서 쉽게 접

할 수 있는 것들을 이용하여 아이의 대화를 유도할 수 있다. 예를 든다면, 신문을 활용한다. 신문은 아이의 논리적 사고와 말하기 능력을 키우는 훌륭한 학습 자료이다. 일단 아이에게 필요한 것을 스크랩하여 크게 소리내어 읽게 한 후, 목소리의 크기나 속도, 발음 등을 바로 잡는 연습도 병행할 수 있다. 또, 아이에게 읽은 내용을 요약하게 하거나 어떤 느낌이었는지 무엇을 생각하게 되었는지 질문함으로써 아동의 흥미를 유발하여 상황을 바꾸거나 자신의 생각을 말할 수 있도록 한다. 신문 사이에 겹쳐서 오는 전단지를 이용할 수도 있다. 치킨 전단지 속 사진을 보고 "이 사진 속 닭 맛있어 보이니?" 라고 물어본 후 혹시 아이가 맛이 없어 보인다고 하면 그 구체적인 이유를 말하게 한다. 닭이 너무 말라보여요. 닭이 통통하면 더 맛있어 보일 것 같아요." 식의 대답을 한다면 논리적 말하기는 성공한 셈이다. 이렇게 사진이나 그림을 보고 문제점을 찾아 해결책을 말해보면 논리적 사고와 말하기에 도움이 된다.

TV를 이용할 수도 있다. TV를 볼 때 등장하는 인물들을 보며 계속 대화한다.

"저 사람은 어떤 역할이니?" 또는 "사람들이 왜 싫어하니?" 등의 질문을 통해 아이가 이미 알고 있는 상황이나 인물에 대해 말하게 한다. 아이가 자신의 생각과 의견을 말하는 연습을 통해 습관이 되면 논리적으로 말하는데 도움이 된다. 마지막으로 식사 준비시간의 대화나 가족회의를 이용한다. 식사를 준비하면서 아이에게 요리과정을 말하며 엄마는 요리사, 아이는 요리 프로그램의 진행자가 되게 한다. 재료준비부터 음식을 만드는 전 과정을 구체적으로 설명하면 아이는 흥미롭게 말하기 공부를 할 수 있게 된다. 가족대화를 일상화함으로써 아이가 자신의 논리를 사용하여 상대방을 설득하는 기술을 배우게 된다. 또 자신만 옳다고 우기거나 맹목적으로 남의 의견을 따라가는 일도 없게 된다. 단, 주제가 있는 토론을 해야 한다. 성적이나 친구, 개인 신상에 대해서만 이야기 하면 아이는 금세 싫증을 내고 대화하기를 싫어하게 된다. 좀 더 효과적인 방법으로는 폭넓은 주제로 토론하는 것이 좋다. 또, 가족간의 이야기 시간을 가지는 것도 좋은 방법이다. 아이와 함께 일정한 기간의 목표를 세운 후 엄마는 아이에게 목표달성에 대해 질문을 하고 아이는 자신이 목표를 잘 달성했는지, 어떤 점을 잘못했는지를 평가하면서 아이의 비판적 사고력을 키운다.

4. 긍정적인 사고를 갖게 하라.

리더는 긍정적인 사고를 가져야 한다. 한 조직의 리더로서 어떤 상황에서라도 부정적인 시각으로 바라보면 그 조직의 전체가 부정적인 상황을 맞게 될 수 있다. 아무리 어려운 상황이라도 더 나은 상황으로 만들기 위해서는 긍정적인 사고가 필수이다. 조직이 새로운 도전에 혼란스러운 상황에서 리더가 그 도전에 대해 부정적인 시각이라면 조직원들의 시각도 부정적이게 되며 일의 능률 역시 안 좋게 흘러갈 수 있다. 하지만 리더가 긍정적이고 할 수 있다는 믿음을 가지고 조직원들을 이끌어 나간다면 새로운 도전에 대한 두려움이 사라지게 될 것이다. 그리고 일의 능률 또한 올라 도전이 성공할 확률이 높아진다. 그렇기 때문에 리더가 긍정적인 사고를 갖는 것은 중요하다고 할 수 있다.

자녀에게 긍정적인 사고를 가지게 하는 것도 중요하다. 그러기 위해서는 엄마가 먼저 아이 앞에서 긍정적인 표현들을 사용해야 한다. 간혹 아이가 피해를 당한다고 해서 아무데서나 거친 말투를 쓰거나 욕을 한다면 아이에게 좋지 않은 영향을 줄 수 있다. 아이들은 엄마의 언어 습관을 보고 그대로 따른다. 특히 말을 배우는 아이들의 경우 더욱 더 심하다. 그러므로 엄마가 '~하면 안된다.' '~하면 맞는다.' 등의 부정적인 언어를 사용하면 아이들도 따라하게 되고 아이들은 부정적인 사고가 자신도 모르게 습관화 되어간다.

예를 들어 아이들은 호기심으로 모든 물건들을 만지고 건드린다. 아이들이 그런 행동을 하게 되면 엄마들은 아이들이 벌여놓는 물건을 치우기 귀찮아 아이들이 물건을 만지기도 전에 "그 물건 만지면 안 돼." 하고 아이에게 말한다. 또, 아이가 밖에 나갔을 경우 놀이터에서 아이가 놀이기구에 대해 도전을 할 때에도 엄마는 아이에게 말한다. "그거는 위험하니까 하면 안돼." 라고 한다. 그러면 아이는 금세 도전하려던 놀이기구를 두려워하게 되고 도전의식은 사라지게 된다. 이렇게 아이들은 엄마들에 의해 많은 영향을 받는다. 그러므로 아이들에게 말을 할 때는 부정적인 표현보다는 보다 긍정적인 표현을 사용함으로써 아이들에게 긍정적인 사고를 심어준다. 또, 비난하지 않도록 노력해야한다. 자녀가 미숙하거나 잘못된 생각에 대해 부드럽고 친절하게 엄마의 생각을 말하는 것도 중요하다.

아이에게 긍정적인 사고를 심어주기 위해서는 긍정적인 호칭을 쓰도록 한다. 아이와 대화를 할때 아이를 귀엽다고 호칭을 많이 부르는데 여기에도 주의해야 한다. 못난이라고 말하면 못난이로 자라고 멋진작가라고 말하면 말 그대로 멋진작가로 자란다. 왜냐하면 엄마가 부르는 호칭은 아이들의 잠재의식 속에 그대로 심어지기 때문이다.

엄마는 아이에게 긍정적인 기대감의 표현을 한다. 아이와 대화를 하면서 아이가 하게 되는 행동 하나하나에 엄마는 기대감을 표현한다. 아이는 엄마가 기대한대로 자라게 되며, 아이 역시 자신이 하게 될 행동이 나쁜 행동보다는 좋은 행동 쪽으로 흐르게 된다. 단, 아이에 대한 기대감을 아이에게 부담으로 다가가지 않는 범위 내에서 드러내도록 한다. 아이가 어떤 것에 도전할 때 엄마는 아이의 능력을 적극적으로 믿어준다. 아이는 엄마가 자기를 믿는다는 것을 알게 되면 자신감이 생겨 모든 일에 적극적이고 긍정적으로 반응하게 된다, 더불어 자녀를 옹호해야 한다. 크게 성공하는 사람들은 늘 긍정적인 격려와 옹호를 받은 사람들이다.

〈자녀가 공부를 하고 있을 경우〉

✗ "아직까지 한 장밖에 안했니? 빨리 빨리 더 열심히 해야지?"

○ "음. 열심히 했구나! 벌써 한 장이나 했네. 이제 조금만 더 하면 되겠다. 파이팅 하자!"

〈아이가 물을 엎질렀을 경우〉

✗ "그럴 줄 알았다. 네가 하는 게 다 그렇지. 넌 맨 날 그 모양이니? 물 하나도 제대로 못 따르니? 누굴 닮아서 그러는지 모르겠다."

○ "어디 다친 데는 없니? 유리컵이라서 깜짝 놀랐다. 그렇지 않아도 거실이 엉망이었는데 우리 철수 덕분에 걸레로 깨끗하게 바닥 청소 좀 해야 겠는걸. 철수가 좀 도와줄거지?"

5.경청하는 습관을 길러주어라.

  사람들의 의견을 잘 수렴하기 위해서는 리더로써 타인의 말을 경청할 수 있는 능력이 필요하다. 리더라고 해서 자신의 위치를 이용하여 사람들의 의견을 무시하고 리더 자신의 의견만 내세우게 된다면 좋은 조직이 될 수 없다. 리더는 자신의 위치가 그 조직을 위해서 있는 것이지 자신의 위치를 이용해서 이익을 얻으려는 것이 아니기 때문이다. 리더의 대화법에 있어 경청능력이란 자동차에 있어 휘발유와 같은 역할이다. 리더는 자신이 의도하는 결과 쪽으로 대화를 자극하고 인도하기 위해 언제나 다른 사람과의 정서적인 연결에 힘을 기울인다. 대화란 지극히 개인적이기 때문에 아이가 자신의 의도나 요구를 많이 보여줄수록 소통이 원활하고 유연성이 높아지기 때문이다. 즉, 리더는 자신이 책임지고 있는 조직의 사람들의 의견을 객관적으로 판단하고 반영하기 위하여 타인의 말을 경청할 수 있는 능력을 기르는 것이 중요하다.

  아이들 역시 학교를 들어가게 되거나 단체 생활을 하게 될 때 좋은 또래관계를 만들기 위해서는 다른 친구들의 말을 잘 들어 줄 수 있어야 한다. 다른 친구들의 말을 잘 들을 때 자신의 생각과는 무엇이 다르며, 자신의 생각만이 옳다는 자세를 버릴 수 있게 된다.

아이가 타인의 말을 경청하는 습관을 기르기 위해 필요한 아이와 대화할 때의 예를 들어 본다면 이렇다. 아이와 대화방법에 엄마는 아이에게 어떤 문제에 대해 질문을 한다. 아이가 질문을 받고 그 질문에 대해 대답을 한 후 엄마는 아이에게 엄마의 말을 듣게 한다. 이러한 대화를 반복하면서 아이는 타인의 말을 경청할 수 있는 능력을 키워나간다. 동시에 아이는 다른 사람의 말을 자신의 생각과는 어떻게 다른지 생각해 보는 기회를 갖게 되며, 타인을 배려할 수 있는 능력도 갖게 된다.

〈대화 중간에 끼어드는 경우〉

: "여보 이번에 회사 일은 잘 되어가요?"

: "상황이 안 좋아. 그래서……"

: "엄마, 엄마, 있잖아요. 이번에 참여수업 오실 수 있어요?"

: "엄마와 아빠가 대화 나누고 계시잖아. 어른들 이야기 끝나면 네 이야기를 해야지."

: "급해서 그랬어요."

: "급한 네 마음도 이해가 되지만… 사람은 입은 하나이고 귀는 왜 두 개 일까? 그건 말하는 것보다 다른 사람의 말을 듣는 게 그만큼 중요해서 그러는 거야. 다른 사람 이야기가 끝나면 그때 이야기 하는게 좋겠지."

6.정직하게 말하게 하라.

리더는 정직해야 한다. 정직한 마음을 가지고 조직을 이끌어가는 것이 무엇보다 중요하다. 조직이나 단체는 조직원들 간의 신뢰를 바탕으로 이루어지기 때문이다. 그러기 위해서는 무엇보다 조직을 이끌어가는 리더에서부터 정직한 행동을 해야 한다. 리더는 정직하게 말하고 행동함으로써 조직원들에게 신뢰를 쌓고 조직원들은 리더를 신뢰하고 따름으로써 업무의 능률은 오르게 된다.

자녀들 역시 또래간 의사소통에서 신뢰는 매우 중요하다. 서로를 정직하게 대함으로 인해 또래간의 신뢰를 쌓을 수 있으며 리더십을 기르는 데에도 좋은 영향을 미치게 된다.

일단 자녀들에게 옳고 그름을 구별하는 법을 알려주기 위해 엄마는 말한 대로 행동해야 한다. 예를 들어 엄마가 아이에게 숫자를 100까지 세면 맛있는 아이스크림을 주겠다고 약속을 했다면 아이는 엄마를 믿고 숫자 100까지 세기 위해 열심히 공부할 것이다. 그뒤 아이는 숫자 100까지 세는 법을 터득하게 되고 엄마 앞에서 자신있게 1부터 100까지 세 보일 것이다. 그런데 만약 엄마가 아이가 100까지 세었음에도 불구하고 약속했던 아이스크림을 주지 않게 되면 아이는 크게 실망할 것이다. 그런데 엄마는 계속해서 아이 앞에서 약속했던 행동을 지키지 않는다면 아이는 엄마를 불신하게 될 것이며, 아이 역시 정직하게 말하는 습관을 갖지 못할 것이다. 그러므로 엄마나 아이를 가르치는 사람은 아이와 대화할 때는 물론이며 아이 앞에서의 모든 말과 행동은 정직하게 일관되어야 할 것이다. 그리고 거기에서 아이는 옳고 그름을 구별하게 되고 정직하게 말하는 습관을 익히게 될 것이다.

책 〈리더로 키운 유태인 엄마의 말 한마디〉에서는 "재능과 더불어 훌륭한 인격을 갖춘 사람으로 키우기 위해서는 엄마가 먼저 모범을 보여야 한다."고 말했다. 앞에서도 말했지만 엄마나 아이를 가르치는 부모는 아이와의 대화에서 먼저 모범을 보이는 것이 가장 좋은 방법 중의 하나라고 말한다.

〈정직함을 가르치는 대화〉

◑ 네 눈으로 직접 확인해 보고 이야기 하는 게 어떠니?

◑ 같은 입장이었다면 네 기분은 어땠겠니?

◑ 잘못을 했으면 바로 사과하자.

◑ 거짓말로 위기를 모면하면 마음이 슬퍼져.

◑ 그러면 너의 행동은 옳았니?

◑ 말은 사람에게 상처를 주기 위해 있는 게 아니란다.

〈순간적인 아이의 거짓말〉

엄마 : "오늘 준비물 사고 남은 돈 가져왔니?"

아이 : "……"

엄마 : "왜? 대답을 못하니?"

아이 : "돈 안 남았어요. 정말이예요."

엄마 : "뭐라고? 분명히 남는 걸로 엄마는 알고 있는데."

아이 : "학교 끝나고 오면서 문구점에서 과자 사먹었어요."

엄마 : "거짓말로 위기를 모면하면 엄마 마음이 슬퍼진다. 엄마에게 있
는 그대로 설명할 수 있잖아. 그 돈을 쓴 것보다 거짓말을 했다
는 게 엄마는 서운하단다."

7.도전하게 하라.

    옛날에 게으른 아들을 둔 부모가 있었다. 아들이 너무 게을러 일은 전혀 하지 않고 빈둥빈둥 노는 것이 마음이 아팠다. 아들은 부모가 해주는 밥을 먹으며 유산을 받아 편하게 쓰겠다는 생각으로 전혀 일을 하지 않았다. 그러나 엄마는 자식의 삶의 모습이 너무 안타까웠기에 농사짓는 방법 좀 배우라고 계속 자식을 타일렀지만 전혀 아들은 움직이지 않았다. 편한 생활에 안주해 있기 때문에 무언가를 한다는 것은 귀찮은 것이었다.

    결국 아버지는 눈을 감으면서 아들에게 "물려줄 유산은 전부 보물로 바꾸어 집 뒤의 야산에 묻어 놓았으니 찾아 써라."는 유언을 남기고 눈을 감았다. 아들은 당황했다. 모든 유산들이 고스란히 남겨져 편한 생활을 할 수 있을 것이라고 생각했기 때문이었다. 당장 내일부터 먹고 살기 위해서는 보물을 찾아야 한다는 강박관념에 다음날 새벽부터 삽을 들고 야산을 파헤치기 시작하였다. 몇일을 야산을 파헤쳤지만 보물은 나오지 않았다. 그러나 아들은 멈출 수가 없었다. 살아갈 돈과 먹을 것이 떨어진 것이다. 아들이 온 야산을 다 파헤쳤을 때 항아리 하나를 발견하였다. 항아리 안에는 보물 대신 아버지가 남긴 글이 있었다. 글에는 "지금 네가 보물을 찾기 위해 파헤친 야산은 이제 밭이 되었을 것이다. 씨를 뿌려 곡식을 거두어라"라고 써 있었다. 아들은 충격을 받았고 아버지를 원망도 하였다. 그러나 아들은 선택의 여지가 없었다. 결국 아버지의 말대로 씨를 뿌렸다. 결국 아들은 풍년을 맞아 몇 년 동안 먹고 살 수 있는 재산을 모았다. 그때 아들은 깨달았다. 아버지가 남긴 것은 야산이 아니라 도전하라는 교훈을 남겼다는 것을 알게 되었다. 아들은 그 후부터 열심히 일하여 부자가 되었다고 한다.

이 일화가 주는 교훈은 많지만 믿음이 허황된 것일지라도, 끊임없이 성공을 기원하며 도전한다면 성공은 실현된다는 것과 성공은 결국 현실의 편안함을 추구하는 것 보다는 도전을 해야 이루어진다는 것을 알 수 있게 해준다.

현재의 생활에 안주하고 싶어하는 사람일수록 변화를 싫어한다. 그러나 성공은 바로 변화를 의미한다. 따라서 성공 자체를 부담스럽게 생각하기도 하고 도전은 아예 생각하고 싶지 않은 단어로 인식할 수 있다. 그러나 변화를 기원하는 사람에게 도전은 바로 성공으로 연결해주는 지름길이다.

8. 책임지도록 하라.

　　자녀들의 행동에 있어서 실수하는 것은 있을 수 있다. 하지만 거기에는 반드시 책임져야 할 결과가 있다는 것을 가르쳐 주어야 한다. 이것이 엄마가 자녀를 훈육할 때 쓸 수 있는 강력한 무기이다. 자녀로 하여금 그들의 행동에 대한 결과를 책임지게 하는 것은 엄마로서 정말로 하기 힘든 결정 중 하나다. 그러나 논리적으로 자녀의 연령에 감당할 만한 결과를 경험케 하고 책임지게 하는 것은 자녀 양육문제의 많은 경우에 있어서 좋은 해결방안이라고 전문가들은 말한다.

　　아동 심리학자 데일 야곱은 그의 책 〈입술을 봉하라(Element)〉에서 다음과 같이 말한다. "우리가 살아가면서 무슨 일을 하든지 거기에는 반드시 결과가 있기 마련이다. 만약 전기세를 내지 않는다면, 집에서 전기의 혜택을 받지 못할 것이고, 일을 잘못하거나 직장에 출근하지 않으면 해고 당할 것이다. 자녀들이 스스로 책임지는 것을 배우게 하려면 엄마는 자녀들 스스로가 선택한 것에 대하여 책임져야 할 결과를 경험하게 해야 한다."

엄마만 의지하는 나약한 자녀로 만들지 말아야 한다. 본능적으로 엄마는 자녀를 불행으로부터 보호하고자 한다. 그렇다고 자녀의 속도위반 티켓을 대신 내주고, 계속해서 덤벙대며 학교 준비물을 잊어 버리는 아이에게 학교까지 갖다 주는 것이 앞으로의 힘들고 거친 현실세계를 헤쳐 나가야 할 자녀를 진정으로 준비하게 하고 위하는 것일까? 차라리 행동에 대한 결과를 맛보게 하는 것이 자녀 스스로가 책임감을 느끼고 주변을 정리하게 하는데 도움을 줄 것이다. 어떤 행동이 허용되고 또 나쁜 행동의 결과는 무엇인지 자녀가 분명하게 이해해야 한다. 항상 기억해야 할 것은 어떤 일이 엄마에게는 이해가 가는 일이라고 아이도 당연히 이해할 것이라고 생각하는 것은 옳지 못하며, 엄마가 행동한 반응에 대해 아이의 마음속에 의문점이 남아있지 않게 하는 것 또한 중요하다.

어떤 엄마는 자녀의 행동에 대한 결과를 미리 생각하여 두었다가 적절하게 반응할 준비를 해둔다고 한다. 그래서 여러 대안을 생각해 두었다가 문제발생시 자녀와 잦은 충돌을 피할 수 있었다고 한다. 만약 자녀가 선택의 자유와 함께 자신의 행동에 대한 결과를 인식하며 그것으로부터 뭔가를 배우며 성장한다면, 굳건한 기반 위에 설 수 있을 것이다

아이를 책임감있게 키우는데 5가지 원칙이 있다.

첫째, 한계를 정해준다. 해서는 안되는 일과 해도 좋은 일을 구별할 수 있도록 제한을 둔다.

둘째, 주어진 한계 안에서 선택과 자유를 준다.

셋째, 선택한 행동의 결과를 예측하고 수용하도록 한다. 때로는 적절

한 선택이 아니라는 생각이 들어도 선택에 따른 결과가 어떨지 예측하고 큰 무리가 없다면 아이가 선택한 행동의 결과를 그대로 받아들이는 경험과 자세가 필요하다.

넷째, 아이와 토론의 시간과 장소를 제공한다. 능력이 있는 아이는 무조건 그래야 한다는 설명보다는 한계에 대한 정확한 이유를 이해할때 행동으로 옮길 수 있다.

다섯째, 엄마가 규칙을 준수하고 질서를 지키는 일에 모범을 보여야 한다.

〈아이들과의 작은 만남 : '욕실 대화 방법'〉

아이들과 정기적으로 사적인 이야기를 나눈다. 아이들과 목욕을 하면서 자연스럽게 시작해 보자. 대화를 하는 목적은 세 가지이다.

① 아이들 각자의 재능에 대해서 이야기하고 개성을 강화한다.

　- "이번에 과학그림대회에서 1등 했잖아. 아무래도 우리 ○○은 그림에 소질이 있는 것 같더라."

　- "우리 ○○은 뭐 할 때 제일 즐겁니? 엄마는 요리할 때가 제일 행복하던데."

② 아이들이 월간, 주간 목표에 대해서 이야기할 수 있는 환경을 만들어준다.

　- "아빠는 이번 달을 생각해 보니 계획 했던 대로 못한 게 많구나. 넌 이번 달에 하려고 했던 일은 어때?"

　- "엄마는 이번 주 1kg 체중감량 목표였는데 남은 시간동안 더 열심

히 해야 될 것 같아.

우리 딸은 이번 주 세운 계획들 잘되어 가고 있니?"

③ 아이들 스스로 자신의 문제점과 개선할 점을 찾게 한다.

- ① ② 대화를 통해서 자연스럽게 자신이 해야 할 일을 스스로 느끼게 할 수 있다.

아이가 자기 문제를 얼마나 빨리 말하느냐는, 엄마가 어떻게 일깨워주느냐에 달려 있다. 일단 아이가 자신의 문제점을 확인하면, 아이 스스로 그것을 변화시키는 것을 목표로 삼고 고칠 수 있도록 도와준다.

매주 또는 한 달에 한 번 진행되는 가족 대화시간을 통해 아이가 고치려고 노력중인 문제를 자주 상기시켜 준다. 또 여러 가지 좋은 점도 함께 말해 주어 아이가 자신감을 잃지 않도록 해준다. 식사나 가족회의를 할 때 누가 어떤 문제를 고치기로 결심했는지 말하게 한다. 그러면 다른 사람들은 아이를 격려하고 칭찬해주고, 돕겠다고 약속해서 용기를 북돋아준다. 그러다보면 자연스럽게 책임감은 스스로 일깨워지게 된다.

9.강하게 크거라.

 작년 신생아 출생률이 1.13명이었다. 부부 한 쌍이 거의 1명 정도의 아이를 낳는다는 것이다. 그러다 보니 아이들을 귀하게 키우려는 노력이 경쟁하듯이 벌어지고 있다. 아이들은 고학년이 되어도 모든 것을 엄마에게 의지하는 아이들이 증가하였다. 문제는 아이들은 계속 엄마의 의지하면서 나약해진다는 것이다. 평생을 엄마가 살아서 보살필 수 있다면 모르지만 결국 엄마의 곁을 떠나서 사회생활을 해야 할 아이들이기 때문에 아이가 자신의 길을 착실하게 밟아나갈 수 있도록 엄하게 다스릴 필요가 있다.

 자녀의 교육을 위해 3번이나 이사를 강행한 맹자의 어머니, 불을 끄고 붓글씨와 떡 썰기로 한석봉을 명필로 만든 강한 어머니가 있었다. 아이들이 세운 꿈이 클수록 꿈은 쉽게 이루어지지 않는다. 누구나 꿈은 크게 가지고 있지만 목표에 도달하는 사람이 적은 이유는 중간에 포기하기 때문이다. 결국 아이가 세운 목표에 도달하게 하려면 엄마의 격려도 중요하지만 그보다 중요한 것은 자녀를 강하게 키우는 방법이 가장 효율적인 것이다. 그러기 위해 아이들을 강하게 키우는 훈련이 뒷받침 되어야 한다. 아이들이 생활하는 모습을 보고 안타까워서 엄마가 대신해주는 방청소, 옷 정리, 등하교 지원 등이 어쩌면 아이들이 직접 할 수 있는 기회를 빼앗을 수 있다는 것이다. 따라서 아이들이 할 수 있는 일은 아이가 할 수 있도록 도와는 주되 엄마가 모든 것을 다해서는 안 된다. 매사에 아이에게 독립심을 키워주고 스스로 할 수 있도록 기회를 주어야 한다. 영화 「트로이」에서 아킬레스와 어머니 테티스의 대화를 엿보자.

아킬레스가 전쟁에 나가야 할지 고민하고 있을 때 그의 어머니는 그에게 이렇게 말한다.

"아들아, 네가 여기에 남는다면 너는 아름다운 아내와 행복한 가정을 가지게 될 것이다. 그러나 너의 아이들과 너의 다음 세대는 너를 기억할 것이지만 그 다음 세대는 너를 잊게 될 것이다. 네가 트로이로 간다면 너는 명성과 명예를 얻게 되고 모든 세대가 너를 기억하게 되리라. 그렇지만. 트로이로 가면 너는 네 조국 땅을 밟지 못하고 이 어미를 다시는 보지 못할 것이다." 결국 아킬레스는 집을 떠났고 전쟁터에서 죽었지만 그는 후세 사람들이 기억하는 영웅이 되었다.

테티스는 아들에게 선택의 기회를 주었고, 책임지게 함으로써 강인한 아들을 키웠고 역사에 남는 아들을 만들었다.

또 한 예는 2006년 초 한국을 방문한 미식축구 선수 하인즈 워드의 이야기다. 그는 한국인 어머니를 둔 혼혈아다. 더욱이 아버지 없이 어머니와 살았기 때문에 미국 땅에서 힘들게 살았다. 그런 그에게 축구선수가 되기까지의 강인한 독립심을 가지도록 격려해 준 사람은 그의 어머니

김영희씨다. 그의 어머니는 하인즈의 성공을 위해 모든 노력을 다하셨다. 특히 남달랐던 점은 정부보조금까지 받지 않으려는 독립적인 어머니의 강한 성격을 하인즈가 본받았다는 것이다. 김영희씨는 떳떳하게 자립하여 살기를 원하였고, 그런 그녀의 태도가 아들에게도 영향을 준 것이다. "제가 NFL(미식축구리그)에 들어갔을 때도 아무도 저를 도와주지 않았어요. 그러나 내가 외롭고 고독하다고 생각할 때마다 강인한 어머니를 생각하면 저도 어머니처럼 꿋꿋하게 이겨나갈 수 있었어요." 라고 말했다.

역사적으로 성공한 사람의 뒤에는 강한 어머니가 있었기 때문이라는 것을 보아왔다. 그러나 무조건 강한 엄마가 아니라 강한 마음가짐을 가진 아이로 자랄 수 있도록 자녀의 생각이 무시당하지 않도록 진지하게 받아주는 사랑을 가진 강한 엄마가 되어야 한다는 것이다.

〈아이 기질에 알맞은 엄마 리더십 대화 방법〉
  1. 재능은 없지만 하려는 의지가 있으면, 방향을 잘 정해주는 대화법
    ◎ "노력하면 안 되는 일은 없단다. 이렇게 네가 열심히 하니 분명 멋진 과학자가 될 수 있을 거야. 과학자가 되려면 어떻게 노력해야 하는지 함께 알아보자"

  2. 재능도 없고 하려는 의지도 없으면 적극적인 대화법
    ◎ "과학자가 되고 싶은 게 꿈이라고 했지. 그럼 우리 이번 주말에 과학전시관 들렸다가 과학 고등학교 그리고 과학기술원까지 한 번

가보는 게 어떠니? "

3. 재능은 있지만 하려는 의지가 없을 때 함께 해주는 대화법
  ◎ "무엇이든지 궁금한 게 있으면 답을 찾을 때 까지 노력하는
    네가 정말 대단하다.
    엄마가 맨 날 귀찮아해서 미안해. 그래서 네가 궁금했던
    내용이 자세하게 나온 책이 있어서 사왔는데 선물이야"

4. 재능이 있고 하려는 의지도 있는 아이에게는 조용히 후원 해주는 엄
마가 필요하다.
  ◎ 간단한 메모 쪽지 남겨주기
    "○○야 스스로 열심히 하는 네가 너무 기특하고 대견스럽구나.
    사랑해. 분명 넌 해낼 거야. 항상 너를 믿는다."

Part 4 엄마!
말을 잘하고 싶어요.

발표력은 나의 생각을 잘 전달하는 말하기 능력이며 자신의 생각을 표현하여 나를 인정받고 상대방을 이해시키고 설득시켜 동의를 얻어내는 목적을 가지고 있다. 아동에게 있어서 발표력은 평소에 자기의 생각과 욕구를 엄마나 친구에게 이야기해 원하는 것을 얻는 과정에서 생기는 것이지, 학원 다닌다고 갑자기 생기는 것은 아니다. 따라서 아동에게 발표능력을 길러주고 싶으면 아이가 평상시의 대화에서 설득력 있게 말할 수 있도록 엄마가 대화를 이끌면 된다.

발표력의 중심은 '나'이다. 나의 생각이나 느낌을 스스로 표현해야 하기 때문이다. 생각이나 느낌은 각자의 문제이나 발표력은 반드시 타인 또는 여러 사람 앞에서 나의 생각을 표현해야하기 때문에 교육에 의의가 있다. 발표력이 있는 사람과 그렇지 못한 사람의 차이는 현대사회나 미래사회에서 개인의 목표성취나 능력발휘에 큰 영향을 미치며 발표력이 없으면 자신의 능력을 십분 발휘하지 못하는 것이 사실이다. 이러한 능력은 체계적인 교육과 연습을 통해 그 능력을 향상 시킬 수 있다.

아동기에 있는 아이들은 자기의 생각과 감정을 말로 표현하는 것이 가능하며, 훈련을 통해서 자신의 생각과 감정을 논리적이고 정확하게 표현하는 것이 가능하다. 말 잘하는 아이가 글도 잘 쓰고 이해력도 빠르다. 생활 속에서 말하기 능력이 뛰어나 자기 의견을 효과적이고 감동적으로 전달하는 사람이 있는가 하면 그렇지 못한 사람도 있다. 자기 생각을 조리 있게 표현할 수 있도록 하는 것이 발표력 향상의 중요한 목적이다. 따라서 아이에게 발표력을 향상시키려면 무조건 말을 많이 하게 하는 것보다는 목적에 맞는 말을 하도록 가르쳐야 한다. 그러기 위해서는 자신의 의견을 표현하는 환경을 다양하게 만들어주는 것이 중요하다. 친구들과의 토론, 가족과의 대화, 소꿉놀이나 인형놀이 등 역할놀이가 도움이 된다. TV 프로그램이나 영화를 보고 가족끼리 이야기하는 시간을 자주 갖는 것이 좋으며, 식사 시간에 하루에 있었던 일을 이야기해보는 것도 생활 속의 실천 방법이다. 엄마는 아이의 이야기를 중간에 끊거나 내용의 문제점을 자주 지적하기보다 끝까지 잘 들어주는 것이 좋다.

1.육하원칙으로 말하라.

잘 듣는 것 못지않게 말을 잘하는 것도 중요하다. 말을 잘하는 아이는 자신의 생각을 잘 정리하고 자신감이 있다. 이를 위해 가정에서 아이에게 말을 많이 하도록 유도해야 한다. 학교에서 있었던 일을 되도록 많이 말하도록 훈련을 시키는 것이 첫 걸음이다. 학습 환경이나 친구를 알 수 있고 아이가 학교에서 얼마나 적응하는지도 체크가 되기 때문이다

이렇게 접하기 쉬운 생활 주제를 통한 자유롭게 말하는 습관을 시작으로 논리적으로 말하는 아이로 만들기 위해서는 대화를 시작하기 전에 지켜야 할 대화의 형식에 대하여 알려주고 그에 따르도록 알려 준다. 즉 엄마는 아이에게 무슨 말을 하던지 "언제", "어디서", "누가", "무엇을", "어떻게", "왜"의 순으로 말하도록 가르치는 것이다. 아이가 왜 그렇게 해야 하느냐는 질문을 하게 되면 "무작정해야 한다."라고 하기 보다는 "네가 OO가 되고 싶다고 했지, 그렇게 말을 바르게 해야 하기 때문이야"라고 알려 준다.

그러나 모든 대화에서 육하원칙을 지켜야 한다는 것은 아이에게 강박관념을 심어 줄 수 있다. 따라서 되도록 맞추어 보라는 것이고, 나이가 어려서 육하원칙을 지키기가 어려울 경우에는 아이의 수준에 맞게 몇 가지만 선택해서라도 대화의 형식을 지키도록 유도한다.

육하원칙은 아이만 그렇게 표현하는 것이 아니라 엄마가 먼저 육하원칙에 따라 말함으로써 아이도 그렇게 해야 함을 인식시켜야 한다. 육하원칙에 따라 논리적으로 말하는 데 익숙해진 아이는 글쓰기 또한 논리적으로 쓸 수 있게 된다.

만약 아이가 대화의 약속을 지키지 않았을 경우, 질책보다는 잘못된 부분을 수정해주고, 격려를 아끼지 말아야 한다. 또, 아이가 어느 하나도 빠트리지 않고 논리적으로 말한다면 칭찬과 보상을 아끼지 말아야 한다.

〈육하원칙 대화〉

아 : 엄마! 배고파요.

엄 : 응, 우리 아들이 배가 고픈가 보구나. 엄마가 밥 맛있게
차려 줄게. 한번 엄마하고 한 약속(육하원칙)대로 말해 볼래?

아 : 음, 제가 지금 배가 고프니 밥 좀 차려 주세요.

엄 : 잘했어! 넌 참 똑똑한 아이야. 엄마가 밥 맛있게 차려 줄게.

2. 질문하고 답하는 습관을 길러 주어라.

질문은 발표를 효율적으로 하게 하는 도구이다. 따라서 아이에게 끊임없이 질문하고 답하는 습관은 논리적인 사고 함양을 위해 중요하다. 아이가 대답하기 쉬운 질문을 사용하여 아이가 대답할 수 있도록 하면 아이는 논리적이 되고, 호기심을 자극시킬 수 있다.

처음에는 이러한 질문이 생소하기 때문에 자연스럽지 못하겠지만, 질문을 습관적으로 진행하게 되면 엄마가 무슨 말을 물을까를 먼저 생각해서 스스로 논리적이 된다. 이렇게 하면 아이는 남에게 말을 잘 할 수 있는 발표력을 키울 뿐만 아니라 사고력도 기르게 된다.

요령 있게 아이를 자극하려면 재미있는 질문을 많이 던져야 한다. 그림을 감상하더라도 "저 화가는 지금 기분이 좋았을까?", "어디가 제일 밝지"? , "선의 종류는 뭘까?" 등등의 질문으로 선, 형태, 색상(명암), 질감, 공간감 등에 대한 생각을 표현하게 하는 질문을 한다면 다양한 답들이 나올 것이다.

그러나 질문할 때 주의할 점은 너무 어려운 질문을 해서 답을 못하게 되면 자신감을 상실하게 된다. 또한 이미 한 가지 정해진 답을 물어 폐쇄적 질문을 자제하며, 질문을 하고 아이 스스로 논리를 세울 때까지 충분히 기다려 주어야 한다.

아이의 두뇌는 아직 미완성이기 때문에 말하는 도중에 말이 막힐 수도 있고 엄마의 기대만큼 분별 있게 말하지 못할 수도 있기 때문이다. 그럴 때 엄마는 절대 실망하는 기색을 내보이지 말고 "좋은 생각이구나?", "좀 더 다르게 생각해 봐!"라는 식으로 격려해 주는 것이 좋다.

3. 아이의 말을 경청하라.

호기심이 많아지면서 아이들은 '왜'라는 질문을 많이 한다. 하지만 여러 가지 일로 바쁘다보면 아이들의 말을 제대로 듣기가 쉽지 않다. 아이가 정말로 원하는 것은 엄마가 자기의 말에 관심을 가져주는 것이다. 아이의 눈높이에 앉아서 "미안하지만 엄마는 20분까지 이것들을 모두 끝내야 하거든, 그때까지 기다려준다면 고맙겠는데 괜찮겠니?"라고 양해를 구한다면 아이는 인격적인 대접을 받았다는 느낌에 건성으로 들어주는 것 보다 더 많은 기쁨을 느낄 것이다. 엄마가 먼저 자녀의 말을 경청함으로써 모범을 보이는 것이 중요하다. 엄마와 아빠가 자녀의 이야기를 늘 진심으로 경청한다면 자녀의 듣기, 말하기 능력이 향상되는 것은 물론 엄마의 진심어린 사랑도 느끼게 될 것이다.

〈공감 대화〉

딸 : 엄마, 나 오늘 친구 새로 사귀었어요.

엄마 : 어머! 그러니?

딸 : 근데 그 친구가 이상하게 생겼어요.

엄마 : 그 친구가 어떻게 생겼는데?

딸 : 그 친구는 피부가 너무 검어요.

엄마 : 그러니! 네가 하야니까 방법을 알려주면 어때.

그리고 피부색은 다 다르니까 이해해주면 좋을것 같아.

103

4.정확한 발음을 하게 하라.

아이가 5~6세가 되면 발음이 정확하고 본인의 의사 표현이 충분히 가능하다. 그러나 아이들 중에는 유난히 발음이 부정확한 아이들이 있다. 발음이 부정확한 아이들은 또래 아이들에 비해 발음에 문제가 있거나 혀 짧은 소리를 낸다. 발음이 부정확하면 아무리 논리정연하고 명확하다고 해도 아이가 제대로 듣지를 못하게 된다. 결국 제대로 대화를 이어가지 못하므로 대화를 이어가기가 힘들고, 따라서 의사소통이 어렵다.

말문이 늦게 트인 아동은 적절한 시기에 말문이 트인 또래 아동에 비해 부정확한 발음을 할 확률이 높다. 이럴 경우 성장하면 좋아질 것이라 믿고 방치하다가는 또래 아이들과의 대화에 문제가 생겨 또래 집단과 어울리지 못해 왕따를 당하는 문제가 생길 수 있으므로 조기에 적절한 교정을 해주어야 한다.

말을 부정확하게 한다고 해서 아이들을 다그치거나 명령조로 '말 좀 똑바로 해!'라고 야단치면 오히려 말을 하는 것을 무서워하게 된다. 따라서 자연스럽게 아이가 말하는 것을 녹음한 다음 직접 듣게 해서 자신의 발음이 어떤가를 알게 해서 본인이 발음을 고쳐야 하겠다는 필요성을 인식하게 하는 것이 중요하다. 자신이 발음을 고쳐야 한다는 필요성이 생기면 발음한 것을 녹음해서 재청취를 해나가면서 교정하는 것이다.

그러나 부정확한 발음을 내는 아이는 발음에만 문제가 있는 것이 아니라 전체적으로 언어능력이 떨어지는 경우가 있다. 즉 아이의 질문에 답을 못하고 질문 자체를 따라하기만 하고 나이에 비해 턱없이 수준 낮은 대답을 하거나 간단한 지시나 질문을 이해하지 못한다면 발음만 교정해서는 안된다. 전반적인 언어 능력이 향상돼야 발음에 관한 지도를 받을 수 있기 때문이다.

5. 긍정적인 말을 하라.

　　미국의 대통령인 에이브러햄 링컨은 "사람은 행복하기로 마음먹은 만큼만 행복하다."라고 하였다. 행복은 공짜라 마음먹은 만큼 우리가 행복을 마음대로 가질 수 있다는 의미다. 결국 행복은 우리가 마음먹기에 달려 있다는 것이다. 그러나 우리의 현실은 모든 사람들이 행복하지는 않다.

　　똑 같은 일이지만 그것을 받아들이는 사람들은 다양하게 해석하게 된다. "참 좋은 일이야", "난 행복해"라고 생각하는 사람이 있는 반면에 "참 나쁜 일이야", "난 불행해"라고 생각하는 경우가 있다.

　　아이들에게도 그렇다. 긍정적인 아이들은 항상 생각 자체가 긍정적이어서 "난 할 수 있어", 난 멋있어", "난 잘 될거야", "난 행복해", "난 아름다워", "난 장점이 많아", "불가능은 없어"라는 말을 자주 한다. 이런 생각 때문에 항상 밝고 긍정적이며, 똑 같은 일을 해도 신난다.

　　그러나 부정적인 아이들은 "난 할 수 없어", "난 못났어", "난 잘 안될

거야", "난 불행해", "난 못생겼어", "난 단점이 많아", "그 일은 불가능해"라는 말을 자주 한다. 그러다 보니 모든 일에 도전하기 보다는 안주하게 되고, 어떤 난관이 오면 쉽게 포기하여 절망에 이르는 경우가 많다.

이처럼 긍정과 부정은 동전의 양면처럼 별 것 아닌 것 같지만 인생을 결정짓는 중요한 요인이 된다.

그러나 문제는 이러한 말투가 사람들의 생각도 지배를 하게 된다는 것이다. 긍정적인 말투를 하면 아이들은 즐겁고 힘을 느끼게 된다. 그러나 부정적인 말투를 많이 하면 아이들은 마음이 부정적으로 변하여 힘이 빠지게 된다. 결국 부정적인 아이는 부정적인 내용으로 발표를 하게 됨으로 아이들은 싫어하게 된다.

긍정과 부정은 똑 같이 내가 자유롭게 선택할 수 있는 과일과 같다. 이왕이면 부정의 과일보다는 긍정의 과일을 먹어보자. 그럼 우리의 인생은 성공으로 더욱 가까이 다가설 수 있으며, 좋은 사람들이 주변에 모여들어 존경받는 리더로 성공할 수 있다.

6.들은 말을 그대로 전하라.

　다른 사람에게서 들은 말을 한마디도 틀리지 않게 전달하는 것은 매우 어렵다. 순간 암기력이 뛰어나야 하기 때문이다. 그래서 네, 다섯 살 된 아이들은 간단한 말을 전할 수 있지만 문장이 조금만 복잡해져도 흐지부지 되고 만다.

　말 전하기를 잘하게 하려면 발달단계에 따라 다르지만 3-4살의 아동은 먼저 짧은 문장부터 따라 하기를 연습시켜 본다. 처음 시작할 때는 "나는 당신을 사랑해요.", "나는 배가 고프다"와 같이 3단어 정도 조합된 문장을 따라하게 하는 것이 효과적이다.

　4-5세 아동이나 아이가 어느 정도 익숙해지면 좀더 복잡한 말을 따라 하게 한다. 이때는 다양한 어휘를 사용하여 아이의 기억력을 키워 주면서 동시에 말솜씨도 세련되게 다듬어주는 것이 좋다.

〈말 전달하기 대화〉

◑ "오늘 태양이 눈부시게 아름다워요. 행복한 하루에요."

◑ "나는 할머니 집에 가서 맛있는 것을 먹고 싶어요."

◑ "행복은 마음에 있는 것이지 돈으로 해결하는 것이 아니다."

7. 말하기 매너를 가르쳐라.

성공하는 아이로 만들기 위해서는 말하는 매너도 좋아야 한다. 말을 많이 해야 하는 리더로써 듣는 사람을 배려하는 매너를 기르는 것이 중요하다.

우연히 길에서 만난 엄마 친구에게 명랑한 목소리로 "와, 뚱뚱하다." 고 거침없이 말하는 아이가 사랑받기를 바라는 것은 한마디로 언감생심이다. 어떤 상황이든 재치 있는 한마디로 사람들의 시선을 사로잡는 아이는 사회에서 리드하는 아이로 자란다.

아동들과 대화할 때 아동들이 말하면서 머리를 만지작거리는 등의 나쁜 습관들이 보인다면 빨리 고쳐주는 것이 좋다. 그러기 위해서는 엄마는 아이가 말할 때 하던 일을 멈추고 아이에게 시선을 고정하고 들어주는 게 우선되어야 한다.

종종 아이가 다른 사람들 앞에서 눈치 없이 이야기 할 경우가 있다. 그럴 때에는 아이에게 무턱대고 야단을 치는 등의 행위는 되도록 하지 않도록 하며 그 말이 어떤 나쁜 결과를 가져오게 되는지에 대해서 아이에게 쉽게 설명해서 아이가 생각하고 깨달을 수 있도록 유도하는 것이 좋다.

"매너 좋은 아이가 공부도 잘한다."에 보면 구체적으로 매너 있게 말하는 습관을 들이는 방법은 다음과 같다.

첫째, 요술 주문을 가르친다. 아이가 뭔가를 원할 때는 반드시 "부탁해요"라고 말하고, 엄마가 그 요청을 받아들이면 "고맙습니다." 그리고 아이가 누군가로부터 고맙다는 말을 들으면 "천만에요"라고 말하기로 약속한다. 반복을 통해 아이 몸에 배도록 가르친다.

둘째, 실내에서 말하는 법과 실외에서 말하는 법을 설명해준다. 실내 목소리와 실외 목소리의 차이를 구분할 수 있을 정도로 반복 연습을 시킨다. 그런 다음 실내에서 아이가 시끄럽게 굴 때, "조용히 해!"라고 소리치기보다 "실내 목소리로 해주세요."라고 말하면 훨씬 부드러울 뿐더러 더 효과적이다.

셋째, 생리 현상에 관한 이야기는 화장실에서만 하는 거라고 주의를 준다. 아이들은 방귀나 똥, 코딱지와 같은 생리 현상에 대해 얘기하는 것을 좋아한다. 그러나 시도 때도 없이 생리 현상에 대해 떠들어대는 것을 내버려둘 수는 없는 일이다. 식탁이나 다른 장소에서 그런 주제를 꺼내면 바로 "화장실에서만 하는 얘기"라고 따끔한 주의를 주도록 한다.

넷째, 돈 이야기는 남들이 아닌 엄마, 아빠와 얘기하자고 일러둔다. 아이가 돈 이야기에 집착하면 경박해 보이기 쉽다. 하지만 궁금증까지 없앨 수는 없으므로 가족끼리의 얘기로 선을 긋는다.

다섯째, 선물은 준 사람의 정성 때문에 소중하고 가치 있는 것이라고 가르친다. 어떤 물건이 얼마짜리인지, 그렇게 값비싼 물건을 살 정도로 부자인지 하는 것은 아주 사적이기 때문에, 이야기 하지 않는 것이 좋다고 가르쳐 주는 것이다.

여섯째, 한 번에 한 사람씩 말하는 연습을 통해 대화에 끼어드는 법을 익히게 한다. 좋은 생각을 가지고 있을 때 자기 순서를 기다려 말하기란 쉬운 일이 아니다. 그러나 말할 기회를 얻기 위해서는 다른 사람의 말을 잘 들어야 할 뿐만 아니라 참을성 있게 기다릴 줄도 알아야 한다는 것을 배우는 것은 무척 중요한 일이다.

일곱째, 다른 사람의 장점이라 생각하는 것을 말로 표현할 수 있도록 격려한다. 생각과 감사의 마음이 진실 할 때는 "음식이 참 맛있네요."라든가 "오늘 정말 멋있으세요."와 같은 단순한 말이라도, 아이에게 큰 감동을 줄 수 있다.

여덟째, 어른들에게 존댓말을 사용하도록 가르친다. 매너가 다른 사람을 배려하는 마음이라면 존댓말은 그것을 표현하는 방식이다.

즉, 평소 자녀에게 무심코 하는 말 한마디에도 주의해야 하며, 자녀가 바람직하지 못한 사고나 생활습관을 가지고 있더라도 대화를 통해 스스로 깨달아 고칠 수 있도록 이끌어준다

8.주제를 정하고 대화를 하라.

　자녀의 발표력을 높이려면 일상적인 이야기만 나눌 것이 아니라 주제를 정해서 대화를 나누면 아이들은 사고가 깊어지게 된다. 예를 들어 좋은 소재로는 패스트푸드, 컴퓨터 게임, 휴대전화 사용, 귀 뚫기, 학원 다니기 등 아이들이 중요하게 느끼는 소재나 신문이나 방송에서 중요한 이슈가 되고 있는 소재가 좋다. 이들 중에서 하나를 선정하여 엄마가 자녀에게 질문을 해주는 것이다. 그러면 아이는 엄마의 질문에 대하여 자신의 생각을 이야기 하게 되고, 이러한 과정의 반복에서 아이는 사고가 깊어지고 논리적이 된다. 논리적이 됨으로서 발표할 때도 도움을 받게 된다.

　이러한 대화도 부정기적으로 할 것이 아니라 자녀와 약속한 시간에 정기적으로 만나 지속적으로 하는 것이 중요하다. 어쩌다 하게 되면 아이는 발표능력이 다시 원상태로 돌아가게 되므로 지속적으로 정해진 날에 하는 것이 아이들의 발표력을 형성하는데 도움이 된다.

서로가 바빠 함께 할 시간이 부족하다면 식사를 준비하는 과정만으로도 주제가 있는 멋진 대화의 장으로 만들 수 있다. 아이에게 엄마가 만드는 요리과정을 말로 풀어보게 하는것도 좋은 방법일 것이다. 쉽게 말해 엄마는 요리사, 아이는 요리프로그램의 진행자가 되는 것이다, 재료 준비부터 음식을 만드는 전 과정을 구체적으로 말로 풀어 설명하게 하면 아이는 흥미롭게 말하기 공부를 할 수 있다. 또 요리 순서나 요리법을 말로 풀어내는 훈련을 통해 아이는 어떠한 상황이나 현상, 전개 과정을 말로 풀어 낼 수 있다. 주제라고 해서 대단한 것을 찾지 말고 가족회의를 일상화 하면 된다. 일요일 나들이를 계획할 때 장소부터 할 일, 식사 등 모든 과정을 가족회의를 통해 아이들과 토론으로 결정하자. 아이는 토론을 통해 자신의 논리를 펼쳐 상대방을 설득하는 기술을 습득할 수 있다. 또 자신만 옳다고 우기거나 맹목적으로 남의 의견을 따라가는 일도 없게 된다. 이런 토론문화를 통해서 말을 잘 할 수 있는 기틀을 마련해 주게 될 것이다.

Part 5 나의 마음을
열어 주세요.

인류사의 가장 중요하고 곤혹스러운 숙제인 '아이를
어떻게 올바른 인성을 가진 존재로 키울 것인가'라는 질
문을 '아이와 어떻게 효과적으로 대화할 것인가'라는 문제로 환원시켜
명쾌하게 풀어내면 정답이 보인다. 아이를 훌륭하게 키운다는 것은 아이
와 좋은 대화를 나눈다는 것과 같은 말이다. 왜냐하면 우리는 아이를 가
르치거나, 벌을 주거나, 윽박질러서 우리가 원하는 대로 결코 키울 수 없
기 때문이다. 아이는 우리가 가르친 대로 성장하지 않는다. 아이는 온전
히 자신이 느낀 대로 자란다. 그러므로 어른들이 할 수 있는 유일한 가르
침은 아이들과 대화를 나누는 것뿐이다.

현대사회에서는 핵가족화로 인하여 엄마가 자녀에게 미치는 영향이
점점 더 커지고 있으며, 특히 자녀양육에 대한 부담감을 많이 느끼고 있
다. 그러나 모든 인간관계와 마찬가지로 엄마와 자녀관계 역시 서로 영향
을 주고받는 상호적인 관계이다. 모든 인간관계가 서로에 대한 이해와 배
려에서 출발하지만 엄마와 자녀관계는 서로에 대한 친숙함과 가족이라
는 울타리 때문에 오히려 아이에 대한 배려를 경시하는 경우가 많이 있
다. 엄마의 입장에서는 책임과 의무를 다한다고 무엇보다 최선을 다하고
있는데 비하여 자녀에게 엄마는 가장 대화하기 어려운 대상이 될 수도
있다. 이렇게 닫혀버린 문은 자녀가 성장할수록 습관적으로 더 굳어져 다
시 열리기가 어렵게 되는 경우가 많이 있다.

엄마와 자녀가 온화하고 다정하며 서로 기분 좋은 관계를 유지하고
싶어 하고, 분위기 좋은 가정환경을 만들어 가족 한 사람 한 사람의 욕구
가 충족되고 개인적인 성장을 도울 수 있다면 그것은 최선일 것이다.

엄마가 자녀에게 하는 말은 곧 자녀의 자신감과 독립심을 키울 수도

있고, 반대로 열등감과 의존심을 키울 수도 있다는 점을 명심해야 한다.

1. 적극적으로 들어줘 준다.

대화기술의 첫 번째 요소는 무엇보다 잘 듣는 것이다. 누군가의 이야기를 잘 들어준다는 것은 있는 그대로 받아들인다는 수용의 상태를 표현해주는 것이다. 사람은 자신의 있는 그대로를 진심으로 받아들이고 있다고 느낄 때, 심리적으로 안정감을 느끼게 되고 성장하고 노력하고자 하는 의욕을 갖게 된다. 대부분의 엄마들은 자녀를 양육함에 있어서 잘못된 것을 지적하고 올바른 방법을 이야기해주는 것이 최선의 방법이라고 생각할 수 있다. 그래서 들으려고 하기보다는 잘못을 지적하고 해결방법을 알려주는 것에 관심이 많다. 그러나 이보다 더 중요한 것은 적극적으로 들어주는 것이다.

적극적인 경청은 자녀가 말하는 동안 눈을 마주치고 진지하게 들으며 대화에 반응하는 것을 말한다. 예를 들어 대화에 반응하는 태도로 "아, 그랬니.", "참 안됐구나."등이 있다. 반영적 경청은 자녀가 엄마로부터 이해받고 있다는 느낌을 가질 수 있도록 하는 것이다. 예를 들어, 자녀가 친구와 다툰 후 다시는 그 친구와 놀지 않겠다고 할 때, "네가 어떻게 했기에 그러니? 그런 소리하면 안 돼!"라는 반응 대신에 "저런, 매우 속상했겠구나!"라는 표현으로 아이의 마음을 어루만져주는 표현을 하는 것이 반영적 경청에서 나오는 반응이다.

모든 사람은 말을 할 때 아이가 귀 기울여 들어주기를 바란다. 아이 역시 마찬가지이다. 아이가 하는 말이 쓸데없고 불필요하다고 생각되어지더라도 열심히 들어주도록 해야 한다.

적극적으로 들어 주는 방법은 다음과 같다.

첫째, 부드럽고 부담 없는 시선으로 대화한다. 아동이 하는 말에 대해 집중하고 있다는 표현을 하기 위해서 엄마는 부드럽고 부담 없는 시선으로 아동을 응시하면서 상체를 아이 쪽으로 약간 기울인다. 그리고 인정한다는 의미로 고개를 끄덕인다. 시선을 외면하거나 뒤로 젖혀진 자세는 아이에게 거부감과 무시당하고 있다는 기분을 줄 수 있다.

둘째, 의문점이 있으면 바로 질문한다. 엄마는 자식을 다 안다고 생각하여 지레 짐작으로 판단하고 말하는 경우가 많다. 그러나 지레짐작을 하게 되면 아동들은 더욱 위축되어 마음을 열지 않게 되므로 미리 판단하지 말고 확실하게 파악하려고 노력한다는 모습을 보인다. 그래야 자기 말에 관심을 가지고 있다는 것을 아이가 알고, 공감수준도 넓어진다.

셋째, 선입관과 편견에서 벗어난다. 엄마는 자식을 잘 안다고 생각해서 자녀의 과거 또는 현재의 생활 모습을 가지고 말을 하려고 한다. 그러면 자신이 성장하는 것을 인정해주지 않기 때문에 자녀들은 숨이

막혀 한다. 자녀의 마음의 문을 열기 위해서는 지금까지 가진 선입관을 가지지 말고 지금 현재의 아이를 보려고 노력해야 한다. 자녀의 결점, 문제점 보다는 감춰진 장점, 잠재력을 찾으며 듣는다.

넷째, 아이가 대화를 통해 진정으로 얻고자 하는 것이 무엇인지 파악한다. 엄마는 자신이 왜 아이와 대화를 하고 있는지 늘 염두에 두고 감정에 휩싸이는 일이 없도록 해야 한다. 그리고 일단 감정에 휩싸이지 말고 냉정히 생각하도록 한다. 또한 대화가 옆으로 새게 될 경우 그 원인을 파악해야 한다. 엄마는 아이와의 대화에서 아이에게 이기려고 하지 말고, 아이에게 보복하려고 하지 말아야 하며 대화를 회피하고 도중에 도망치려고 해서도 안 된다.

자녀의 이야기를 비판 없이 잘 듣는 그 자체가 자녀의 마음을 열게 하여 자신의 느낌이나 문제를 털어놓게 하는 힘을 가지고 있다. 예를 들어 심리치료나 상담과정에서 이들은 상담자의 이야기를 듣는 과정을 중시하며 그들 자신의 판단을 전적으로 배제한다. 이것은 무엇을 의미하는 것일까? 말하자면 무조건적인 수용이 우선적으로 자신의 마음을 열게 하는 기초가 된다는 것이다. 자신이 하고자 하는 말을 하고 나면 마음이 편안해지고 이야기를 하면서 스스로 문제를 해결해갈 수 있는 자신감도 가지게 할 수 있다.

〈자녀의 마음을 읽어주는 바람직한 10 가지 대화 방법〉

<u>1.</u> 서로 헤어져 있다가 만날 때 미소로 맞는다.

<u>2.</u> 피곤해 있거나 감정적으로 흥분해 있을 때 심각한 주제의 이야기는 피한다.

<u>3.</u> 진정으로 하고 싶은 말을 할 때까지 인내하는 마음으로 기다린다.

<u>4.</u> 말과 표정이나 몸짓으로 전달하는 메시지가 서로 일치하도록 노력하고 이야기 한다.

　◎ 중간 중간에 "알아", "이해해", "그래"와

　　같은 말로 동의를 표현해 준다.

<u>5.</u> 자녀가 좋은 일을 했을 때 칭찬해 주고 엄마의 기쁜 마음을 말로 표현하라.

<u>6.</u> 자녀의 말을 잘 이해하지 못했거나, 의도를 깨닫지 못했을 땐, 다시 한번 말해주길 요청한다.

<u>7.</u> 말을 끊지 않고 끝까지 들어준다. 대화 내용이 하찮은 것 일지라도 귀하게 여겨주는 것이 건강한 대화의 기본이다.

<u>8.</u> 부정적인 말을 하려는 충동을 억누른다.

　◎ "그건 옳지 않아",

　◎ "어떻게 그런 생각을 하지?" 등의 대화는 금물이다.

<u>9.</u> 『왜..』로 시작하는 문장을 사용하지 않는다.

　◎ "왜 늦었니", "왜 그것밖에 못하지?" 등의 질문은 "~ 때문에",

　　"글세 모르겠어요."라는 결실 없는 대화를 유도하게 된다.

　◎ 그러나 『왜』대신에 『무슨』이라는 의문사로 대체해 질문하면 훨씬 부드럽고 효과 적인 대화를 할 수 있다.

121

"무슨 일이 있었던 모양이구나!"

<u>10.</u> 감사를 전하는 작은 메모를 식탁 위나 침실 거울에 붙여두는 창의적인 대화를 연구한다. 고개를 끄덕이거나, 어깨를 두드려 주는 방법으로 자녀를 칭찬한다.

2.아이에게 좋은 대화 상대가 되어라.

아이와 이야기를 할 때는 하던 일이나 생각을 잠시 멈추고 아이에게 집중해야 한다. 아이의 이야기를 중간에 자르지 않고 끝까지 들어주어야 하며 눈을 마주치는 것이 좋다. 그리고 아이의 말뿐만 아니라 행동에도 관심을 기울여야 한다. 얼굴이 시무룩하다거나 엄마의 시선을 피하면서 몸을 산만하게 움직이는 것과 같은 행동이 말보다 더 정확하게 마음을 표현하는 경우가 많다.

엄마가 훌륭한 대화 상대가 되려면 아이의 마음을 짐작할 수 있어야 한다. 좋은 말은 더 기분 좋게, 부담스러운 내용이라도 실망이나 다툼보다는 상호 이해에 이를 수 있도록 부드럽게 처리하는 요령이 필요하다. 성의 있고 진실한 자세, 아이에 대한 세심한 관찰, 긍정과 공감에 초점을 둔 대화 기법이 안정감 있는 인간관계를 보장한다.

아이에게 좋은 대화 아이가 되어 주는 방법은 다음과 같다.

첫째, 아이의 말에 격려해 준다. 엄마의 격려는 자녀에게 "나는 할 수 있다." 라는 생각을 가지게 한다. 혼자 할 수 있는 일도 엄마가 해주거나 최선을 다한 일에 대하여 비난을 받게 되면 자신감을 잃어버리게 되고 공격적인 성향을 가지게 된다.

우리는 흔히 "너는 착한 아이다.", "너는 참 예쁘게 생겼구나." 등 외모나 성격에 대하여 칭찬하는 경우가 많이 있다. 그러나 이러한 칭찬은 오히려 부담을 느끼거나 허영심을 가지게 할 뿐 바람직한 태도를 길러주는데 도움이 되지 않는다. 따라서 자녀가 무엇을 하려고 노력하고 있으며 그 과정에서 얼마나 최선을 다하고 있는지를 격려해주는 것이 중요하다. 예를 들어 자녀가 자기 방을 깨끗이 정리했을 때 얼마나 힘들어서 했는지 그리고 얼마나 보기 좋아졌는지는 이야기해 줄 수 있지만 "너는 정말 부지런하고 착한 아이다." 라고 말하는 것은 바람직하지 않다는 것이다. 즉, 직선적인 칭찬은 태양의 직사광선같이 부담스러울 수 있다는 것이다. 이에 비해 격려는 자신이 노력하고 애를 쓴 과정을 지지하기 때문에 자신의 가능성을 신뢰할 수 있게 된다.

둘째, 칭찬을 아끼지 않는다. 사람은 자신을 칭찬하는 사람을 좋아하게 된다. 그러므로 아이를 칭찬하는 것은 곧 나를 칭찬하는 일과 같다. 누구라도 한두 가지 장점은 있게 마련이다. 그것을 발견해 진심어린 말로 용기를 북돋워 준다. 그렇다고 거짓 찬사를 늘어놓는 것은 사이를 더 뒤틀리게 할 뿐이다. 아첨인지 칭찬인지는 듣는 사람이 더 빨리 파악한다. 또 한 가지, 심리학자 아른손의 연구에 의하면 사람들은 비난을 듣다 나중에 칭찬을 받게 됐을 때 계속 칭찬을 들어온 것보다 더 큰 호감을 느낀다고 한다.

셋째, 대화의 룰을 지킨다. 좋은 대화에는 일정한 규칙이 있다. 아이의 말을 가로막으며, 혼자서 대화를 독점하는 것은 좋지 않다. 엄마가 자신의 의견을 제시할 때는 반론의 기회를 준다. 또한 엄마 임의로 화제를 바꾸지 않도록 한다.

넷째, 완전한 문장을 말한다. 축약된 말은 아이의 의사소통의 정확성에 혼선을 가져온다. 그러므로 엄마는 바른 말로 이루어진 완전한 문장으로 대화를 이끌도록 해야한다.

〈잘못된 대화〉

아이 엄마 공부는 왜 해야 돼?

엄마 무슨 뚱딴지 같은 소리야. 성공하려면 공부 하는 게 당연하지!

아이 정말 하기 싫어 죽겠단 말이야!

엄마 시작한지 10분도 안 됐는데 공부를 얼마나 했다고 벌써 이 난리야?

아이 숙제가 얼마나 많은데. 이걸 언제 다해 !

엄마 그러니까 얼른 들어가서 해라. 투덜대는 시간에 공부 다 했겠다.

아이 아, 공부 없는 세상에서 살고 싶어라.!

〈지혜로운 대화〉

아이 엄마 공부는 왜 해야 돼?

엄마 우리00, 공부를 왜 해야 하는지 궁금한 모양이네!

아이 응, 재미없고 지루해 죽겠는데 이걸 누가 만들었는지 몰라!

🔵 공부가 지루해서 하기 싫었구나!

🟢 정말 하기 싫어. 이렇게 숙제가 많은 날은 미쳐 버리겠어!

🔵 숙제하느라 힘이 많이 드는 모양이구나!

🟢 응, 정말 힘들어!

🔵 어이쿠, 우리 ○○, 힘들어서 어쩌나? 엄마가 좀 도와줄까?

🟢 아니야, 할 게 많아서 그렇지 제가 할 수 있어요

🔵 "그래 우리 ○○, 혼자서 공부하려는 모습 보니까 엄마 마음이 뿌
   듯 하다."

3.아이의 입장에서 이해하라.

아이들의 행동을 어른들의 입장에서 생각하고 받아들이지 말고 우선 아이의 입장에서 생각해 보도록 한다. 자녀와 엄마간의 대화에서 엄마는 항상 훈계하려 하고 자녀는 변명하려는 입장을 가지고 있다. 따라서 아동이 엄마와 처지가 다르기 때문에 엄마의 입장에서 생각이 틀리더라도 아동의 입장에서 그럴 수밖에 없는 이유를 찾으면 대화가 부드럽게 진행될 수 있다.

아주 가까운 사람들끼리는 굳이 속마음을 이야기하지 않아도 서로 통할 것이라는 착각이 오해를 낳는다. 아이는 표현하지 않는 엄마의 마음을 헤아리기 힘들다. "그래 알았어."하고 두리 뭉실하게 대꾸하기보다는 "공부가 재미없고 지루해서 하기 싫구나.", "영어 숙제 하느라 힘이 많이 드는 모양이네"처럼 구체적으로 아이의 마음을 읽어주는 것이 좋다. 마음을 표현하고 공감 받은 아이는 '힘들어도 공부는 해야 한다'는 이미 알고 있던 사실을 되새김질 할 수 있게 된다.

아이의 입장에서 대화하는 방법을 보면 다음과 같은 대화는 하지 말아야 한다.

첫째 훈계하거나 설명하는 말을 하지 않는다.

아무리 어린 아이라도 자신의 결점을 들추어내며 고치라고 명령한다면 그러한 명령을 기쁘게 받아 들여 실천할 수 있는 아이가 있을까를 한번 생각해 보자. 이런 경우는 성인들이라도 심적으로 "웬 참견이람?"하고 생각할 것이다. 그 훈계나 설교가 옳다고 생각되어도 남의 충고를 듣는다는 것, 더구나 명령조의 충고를 듣는다는 것이 그렇게 즐겁지는 않을 것이다. 이와 같이 훈계하거나 설명하는 말투는 오히려 아동에게 좋지 못한 영향을 끼치게 된다.

① 강요하고 지시하고 명령하는 말투

강요하고 지시하고 명령하는 말투를 지속적으로 하게 되면 아동은 자신의 무능력을 깨닫게 되고, 행동을 수정하기 보다는 반항적이 되기 쉽다.

- "방 좀 치워라!"
- "오늘 오후까지 반드시 이걸 다 해야 해!"
- "심부름 좀 갔다 와라!"
- "밥 먹을 때는 떠들지 마라!"

② 경고 위협하는 말투

경고 위협하는 말투는 명령적 말투가 효과를 얻지 못했을 때 보다 강력하게 의사를 표현하는 방식이다. 이런 말투는 엄마에 대한 저항감, 적개심을 갖게 하고 친밀감을 상실케 한다.

- "너 내 말대로 하는 게 좋을 걸. 만약 그렇지 않으면, 너 별로 좋지 않을 거야!"

③ 당부, 설교하고 도덕적 행동을 요구하는 말투

당부, 설교하고 도덕적 행동을 요구하는 말투는 엄마가 항상 하는 소리라고 생각하여 한귀로 듣고 한귀로 흘리게 된다.

- "너도 이제 다 컸으니, 자기가 해야 할 일은 스스로 해야지!"
- "사람은 항상 바르게 살아야 해!"

④ 충고하거나 이론적으로 설득하는 말투

충고하거나 이론적으로 설득하는 말투를 들은 아동은 자신의 무능력을 깨닫게 되어 자신감을 상실할 수 있다.

- "그런 일은 엄마와 의논해야 되는 거야."
- "그렇게 하면 나중에 거지되는 거 알어?"

⑤ 평가 · 비판 · 우롱하는 말투

평가 · 비판 · 우롱하는 말투를 들은 아동은 반항하거나 자존심이 상하기 쉽고, 심하면 자기 비하적이며 자기 조소적으로 들려 자신감을 상실할 수 있다.

- "너 철들려면 아직도 멀었구나!"
- "너는 그렇게 해가지고는 밥 먹기도 힘들다!"

⑥ 탐색 질문 및 심리분석의 말투

탐색 질문 및 심리분석의 말투는 엄마의 해석과 심리분석이 옳은 경우, 아동은 당황하게 되고 수치감을 갖게 되며, 옳지 않은 경우는, 엄마와 대화하고 싶은 의욕을 상실하게 만든다.

  - "너 나에게 숨기는 것 있지?"
  - "바른대로 말해 너 00했지?"
  - "사실대로 말해. 시험 못 보았지?"

⑦ 둘러대거나 관심을 전환시키는 말투

둘러대거나 관심을 전환시키는 말투는 엄마가 곤란한 상태를 모면하려고 거짓말을 하거나, 거짓약속을 하면서 둘러대어 하는 말이다. 이런 말투는 아동에게 불신감을 갖게 하기 쉽다.

  - "그럴 일이 좀 있어!"
  - "넌 아직 알 필요가 없어!"

⑧ 비교하기

비교하기는 자녀와 다른 사람들과 비교함으로 인해, 아동으로 하여금 수치심, 부끄러움, 시기심 등을 불러일으키게 하는 말투다.

  - "내 친구들은 저렇게 잘하는데, 너는 그 사람들 반만이라도 나에게 해봐라."
  - "00은 공부도 잘하는데, 넌 왜 그 모양이니?"

이처럼 훈계하거나 설명하려는 말투는 아동들에게 비교육적이 되며 오히려 역효과가 나기 쉽다. 따라서 아동들의 입장에서 대화를 진행하려면 먼저 아동을 하나의 인격체로 대우해 준다. 아이라고 해서 사람이 아닌 것은 아니기 때문이다. 아이 역시 하나의 인격체이니 무작정 무시하는 태도를 취해서는 안 된다.

또한 아동들의 세계를 인정해 준다. 어른들에게는 어른들의 세계만이 존재하듯이 아이들에게는 아이들만의 세계가 존재한다. 그러므로 아이들의 세계를 인정해 주고 같이 공감해 주도록 한다.

마지막으로 자녀에게 사랑스러운 스킨십을 해 준다. 자녀와의 사랑스러운 스킨십을 통해서 아이들에게 엄마가 자녀를 진심으로 사랑하고 있다는 신뢰감을 주도록 한다. 어릴 때 스킨십을 많이 해주는 아이일수록 따뜻한 마음을 갖는 성인으로 성장할 경우가 높아지기 때문이다.

4.즐거운 시간을 함께 하라.

　엄마와 자녀의 대화는 우선 함께 이야기할 수 있는 즐거운 분위기에서 가능하다. 함께 있어도 기분이 좋아야 대화가 이루어지기 때문이다. 가족이 함께 있으면 참 좋다는 느낌을 가지게 한다면 그것은 최고의 즐거운 분위기가 된다.

　그러나 즐거운 시간을 함께 보내는데 있어서 중요한 것은 시간적인 양이 아니라 질이다. 이렇듯 즐거운 시간을 가지려면 계획이 필요하다. 그러므로 매일 엄마도 즐기고 자녀도 즐길 수 있는 일을 잠깐 동안이라도 함께 하면서 즐거운 시간을 보내도록 해야 한다. 가족 전체가 즐거운 분위기를 가질 수 있는 것이 바로 가족 여행이다. 여행은 건물이 빽빽하게 들어서 있는 도시에서 살고 있는 아이들에게 자연과 접촉할 수 있는 특별한 기회를 줄 수 있다. 즉 대중매체와 인터넷 게임에 중독되어 있는 아이들에게 자연과 친해질 수 있는 기회를 제공해 주어 컴퓨터에서 멀어질 수 있도록 도와준다.

그러나 어느 한쪽이라도 강제로 가족 여행에 같이 가기를 요구한다면 흥미는 사라지게 된다는 점을 명심해야 한다. 엄마는 자녀들과 함께 어디를 가고 싶어 하지만 자녀들은 전혀 엄마의 기대에 충족을 시켜주지 않는 것은 자녀들에게 흥미가 없기 때문이다. 따라서 자녀들과 어디를 가고 싶다고 자녀들의 자발적인 참여를 유도하지 않고 강제로 데려간다면 오히려 분위기는 즐거운 분위기 보다는 내내 짜증을 낼 것이다.

만일 가족 모두 함께 하는 시간을 마련하기가 어렵다면 어머니와 아버지가 교대로 각기 자녀와 즐거운 시간을 보낼 수 있도록 계획할 수 있다. 또한 잠자리에 들기 바로 전과 같은 시간은 함께 지낼 수 있는 좋은 시간이 된다. 중요한 것은 엄마와 자녀가 함께 즐거운 시간을 가지려고 계획하고 노력해야 한다는 점을 자녀들이 알아주게 된다.

그러나 환경만 즐거운 분위기가 되어서는 부족하고 엄마가 아이들에게 따뜻한 엄마가 되는 것도 자녀의 마음을 여는 중요한 요인이 된다. 가난한 아이들과 평생 살다간 돈 보스꼬 신부는 "젊은이들을 사랑하는 것만으로는 부족합니다. 그들이 사랑받고 있다는 것을 느끼게 해야 합니다."라고 하였다. 이처럼 사람은 누군가에게 사랑받고 싶어 하고 또 이해받고 싶어 한다. 특히 아동은 엄마로부터 소중하게 대우를 받고 사랑을 받고 싶어 한다. 따라서 아동은 엄마의 따뜻한 사랑을 느낄 때 삶에 대한 의욕이 생기고 삶의 기쁨도 누리게 된다.

5. 함께 한다는 인식을 갖게 하라.

　갓난아기 때에는 모든 것을 엄마에게 의존하였다. 그러나 아이들이 점차 커지면서 엄마의 일부가 아닌 독립된 삶과 개성을 가진 존재로 인정받기를 원한다. 따라서 품안에 있던 자식 생각만으로 자녀들을 구속하려고 하면 자녀들은 반발하게 된다. 자녀들의 마음을 열려면 엄마는 자녀를 객관적으로 바라보아야 좋은 조언자가 될 수 있다. 엄마는 아이와 '함께' 있어야 하지만 아이와 '하나'가 되어서는 안 된다. 즉 자녀의 문제는 자녀가 해결하도록 지켜봐주어야 하고 엄마가 주도해 고민을 풀려고 해서는 안 된다. 아이들이 문제에 봉착해서 더 이상 해결할 기미가 보이지 않는다면 그때는 엄마들에게 도움을 청하지 않더라도 나서야 한다. 따라서 엄마는 자녀들에게 당장은 보이지 않지만 항상 든든한 후원자라는 믿음을 주면 자녀들은 엄마에게 마음의 문을 열게 된다.

　그러나 일반적으로 유아기 때까지는 육아나 교육에 대해 신경 쓰다가 점점 사회생활에 바빠지다 보니 자녀들과 많은 대화를 못하게 되고 결국에는 거리감이 생기게 되는 경우가 많다. 엄마가 어느 정도 여유가 생기면 자녀들을 돌아보게 되는데 그때는 너무 거리가 멀어져 있는 경우가 많다.

자녀의 마음 여는 것은 어릴수록 좋으나 나이가 먹었다고 해서 열지 못하는 것은 아니다. 단지 자녀의 나이가 많을수록 자녀의 마음을 열기 위해서는 시간과 노력을 더욱 많이 들여야 한다는 것이다.

〈아빠와 딸이 대화를 나누는 경우〉

어느 집안에서 아빠가 직장을 그만 두고 새로운 사업을 시작하면서 중학교 다니는 딸과 대화를 해보려고 했지만 너무 오랫동안 대화를 하지 않았기에 딸은 쉽게 마음의 문을 열지 않았다.

1. 딸이 듣든지 말든지 오픈한 사업이나 어려웠던 사회생활에 대해서 이야기도 해주며 노력을 기울인다. 아빠가 인간적이고 가깝게 느껴지기 시작할 것이다.
 ◎ "요즈음 아빠 회사가 힘들어서 이렇게 담배만 피게 되는 구나"
 ◎ "바쁘다고 늦게 들어오는 일도 많고 가족과 함께 시간 못 보내서 항상 미안하다."

2. 다음으로 아빠는 딸의 입장을 이해하기 위해서 부담을 주지 않는 대화를 시작한다.
 ◎ "공부는 잘하나?" "나쁜 친구는 사귀지 않지?"(×)

◎ "요즈음 힘들지?", "많이 이뻐졌구나!" (0)

딸은 부담을 갖지 않고 자신에 대해서 관심을 가져주는 아빠를 위해서 자신의 생활을 이야기하기 시작하였다. 아빠는 퇴근하면서 딸을 위해 피자를 사가지고 오거나, 머리핀 같이 작은 선물들을 하나씩 사가지고 돌아왔다. 그랬더니 딸은 아빠가 오기를 기다리면서 아빠가 돌아오면 반갑게 맞아주고, 아빠가 대화를 시작하면 아빠의 눈을 마주치고, 고개를 끄덕이며 질문하기까지 하였다.

이처럼 아빠가 딸을 지극하게 사랑하고 있다는 느낌을 받도록 노력한 결과 딸은 마음의 문을 열고 아빠를 좋아하게 되었다.

6. 있는 그대로의 모습을 받아들여라.

아이들은 엄마에게는 고민을 이야기하지 않으면서 선생님이나 친구 또는 상담가에게는 고민을 털어놓는다. 이유가 무엇일까? 엄마는 아이들을 어린애로 취급하여 자녀의 인격을 무시하는 경우가 종종 있기 때문에 엄마와는 고민을 나누려고 하지 않는다. 엄마에게 무얼 물어 보려고 해도 "네 까짓게 뭘 알아!", "그런 것을 뭐하려 알려고 해!"라는 말을 몇 번 듣게 되면 결국 아이와 엄마 간에는 대화가 단절될 수 밖에 없기 때문이다.

그러나 선생님이나 친구 또는 상담가에게는 고민을 털어놓는 이유는 선생님이나 친구는 자신의 문제를 진심으로 이해해준다고 생각하고 있기 때문이다. 또한 상담가는 전문가이기 때문에 자신을 충분히 이해해 준다고 느끼기 때문이다. 이처럼 아이들은 자기 자신이 다른 사람에게 진심으로 받아들여진다고 생각되면 매사에 더 잘하려 노력하게 된다.

엄마도 아이들을 있는 그대로 받아들여 하나의 인격체로 인정하면서 진심으로 걱정하고 있는 느낌을 전달하면 아이들은 마음의 문을 열게 될 것이다. 예를 들면 아이가 다쳐서 울음을 터뜨릴 때 "뚝 그쳐! 울면 바보야!"라고 어린아이처럼 달랬을 때보다는 "많이 아프겠다."라며 아이를 하나의 인격체로 대하면서 아이의 아픔을 내 아픔처럼 알아주었을 때 더 빨리 울음을 그치게 된다고 한다. 엄마와 자녀간의 대화에서 자녀를 있는 대로 인정하는 것이 얼마나 중요한 가를 알려주는 사례가 있다.

〈잘못된 대화〉

(자녀 : 엄마에게 전화해서 울고 있었다.)

엄마 : "왜 우니?"

내 : "넘어졌어요. 아파서 전화했어요."

엄마 : "왜 그런 거 가지고 바쁜 엄마한테 전화 했니? 양호실에 가봐!"

내 : "양호실 가는 거 누가 몰라요. 알았다니까?"

〈지혜로운 대화〉

(자녀 : 엄마에게 전화해서 울고 있었다.)

엄마 : "왜 우니?"

내 : "넘어졌어요. 아파서 전화했어요."

엄마 : "많이 아프겠구나. 엄마가 많이 걱정되는데 지금은 가기 어렵고 학교 끝나고 집에 오면 같이 병원에 가보자"

내 : "괜찮아요. 그냥 긁힌 것뿐인데요. 걱정하지 마세요."

이처럼 아동의 입장을 이해하는 대화를 하게 되면 의외로 해결방법
은 자녀 스스로 찾을 수 있는 것이 많다. 따라서 엄마는 자녀의 말에
대해 같이 고민하고 동정하는 자세를 가지고 인내를 한다면 자녀의 마
음을 열 수 있다.

만약 직장의 위기가 닥친 아버지에게 자녀가 말을 걸어 "아빠! 요즘
무슨 일이 있으세요?"라고 물으면 "너는 몰라도 돼"라고 말하는 것보
다는 자녀가 필요한 만큼은 알려주어 동참하게 말해주는 것이 더 좋을
것이다. 이처럼 자녀를 하나의 인격체로 존중해주면서 자녀가 말하는
것을 귀담아 들으며 자녀는 마음의 문을 열고 진지하게 대화에 응하게
될 것이다.

7.아이의 말속에 숨은 아이의 마음을 찾자.

　엄마가 아이를 사랑하면서도 아이를 힘들게 하는 가장 큰 이유는 아이의 마음을 잘 모르기 때문이다. 어린아이들은 엄마가 자신에게 어떤 말을 많이 하는지 또 어떤 감정으로 자신을 대해 주는지에 따라 자신을 좋은 사람으로 생각할 수도 있고, 쓸모없거나 하찮은 사람으로 느낄 수도 있다.

　아이들은 대화 속에서 자신이 불리한 상황에 놓이거나, 어려움에 처할 경우 잘못된 사실을 말하거나 자신의 말 속에 숨은 뜻을 가지고 있는 경우가 많다. 하지만 어른들은 아이들의 이러한 심리 상태를 이해하지 못하는 경우가 많고, 아이들이 말하는 것 그대로를 아이들이 느끼는 것이라고 생각해 버리는 경우가 많다. 극단적인 예를 들자면 성폭행을 당한 아이가 가해자의 처리를 위하여 조사를 받을 경우, 불안한 상황 속에서 자신의 입장을 이야기해야 하는 상황이 반복되면서 사실에 대하여 번복하거나 자꾸만 다른 말들을 이끌어 내는 경우가 있어 증거 불충분의 이유로 가해자 처벌이 어려운 경우가 많이 발생한다고 한다. 이렇듯 아이들은 자신의 말속에 숨은 뜻을 내포할 경우가 많다. 아이들이 순간적으로 내뱉는 말에도 다 의미가 있는 것이다. 아이의 말이라고 그냥 넘겨버릴 것이 아니라 왜 그런 말을 했는지 생각해 보아야 한다. 문제가 생겼을 때 도와달라고 표현하는 것일 수도 있고, 보고, 듣고, 느끼고, 생각하고, 경험한 것을 온몸으로 받아들여 거르고, 다듬어서 소리로 나온 것 이며, 엄마와의 유대감을 느끼고 싶어 하기 때문이다.

이처럼 아이가 표현한 대화의 내면을 정확히 파악하는데 도움이 되는 것이 바로 아이의 비언어적인 행위를 분석하는 것이다. 비언어적 행위는 언어 외에 모든 물리적 방법의 커뮤니케이션으로 보디랭귀지라고도 한다. 보디랭귀지를 우리말로 하면 '몸말'인데, 세분화하면 태도, 자세, 제스처, 표정 ,시선 등으로 나눌 수 있다. 비언어적 행위는 화자가 이해, 수용, 간호하는데 있어서 아이에게 반응하는 것이다. 그것은 듣기보다는 볼 수 있는 교류의 일부이다.

머리를 끄덕이는 것, 자리를 내어 주는 것, 주먹을 쥐는 것, 팔을 잡아 주는 것, 손가락을 돌리는 것, 무겁게 숨 쉬는 것, 식은땀을 흘리는 것 등이 모두 비언어적 행동 형태이다.

때때로 비언어적 메시지는 너무 강해서 언어를 능가할 수 있으므로 그것을 통제할 수가 없다. 이러한 행동을 우리가 인식할 때에 우리가 말하고자 하는 것을 교류하기 위하여 어떻게 비언어적인 것을 이용할 지를 확실히 모르고 있다. 비언어적 커뮤니케이션을 통제하는 방법이 없기 때문에 우리는 언어적 행위를 더욱 신뢰하는 경향이 있다.

표현된 말 보다는 비언어적인 제스처에 귀를 기울인다. 자녀들은 엄마와의 대화에서 가끔은 자신의 의사를 숨기고 말을 하는 때가 있다. 따라서 표현된 말에만 신경을 쓰기보다는 말의 내용보다는 목소리의 강약과 떨림, 시선, 제스처, 억양, 표정, 자세 등에 보다 많은 내면적 정보가 있다는 것을 인식하고 주의 깊게 보아야 한다. 아이의 행동을 통하여 나타나는 아이의 마음을 보면 다음과 같다.

★ 손톱을 물어뜯는 아이

시도 때도 없이 손톱을 물어뜯는 아이는 마음이 심심하거나 불안정하기 때문이다. 어떤 일에 대해 재미나 흥미를 느끼지 못하기 때문에 자기 신체에 대해 가만히 있지 못하고 만지작거리는 것이다. 집안 분위기가 어색하거나 친구들과 잘 어울리지 못한다고 느끼면서 마음이 불편하고 정서적으로 불안정하게 된다.

★ 돌아다니면서 밥 먹는 아이

식탁에 밥을 차려 놓으면 한 숟가락 먹고 돌아다니다가 다시 와서 밥을 먹는 아이는 대부분이 편식을 하는 경우이거나 음식이 먹기 싫기 때문이다. 산만한 성향을 가진 아이나 입이 짧은 경우에도 마찬가지다. 또한 그동안 엄마가 쫓아다니면서 먹였기 때문에 습관이 되어 식탁에 앉아서 먹는다는 개념이 잘 서 있지 않을 수도 있다.

★ 구석을 좋아하는 아이

구석에 숨어서 노는 것을 좋아하는 아이는 자기만의 시간에 어떤 방해도 받지 않기를 원하는 것이다. 특히 안정감이 필요하거나 다른 사람이 자기를 계속 보고 있는 것에 대해 부담을 느끼는 경우이며, 내성적이고 두려움이 많은 아이가 이런 성향을 보일 확률이 높다.

이렇듯 아이와의 대화에서 눈높이를 맞추는 것만큼 중요한 것은 바로 아이의 말 속에 숨은 아이의 마음을 찾는 것이다. 아이들과의 대화 속에서 숨은 아이의 마음을 찾고 이것을 이해해 준다면 아이들은 대화 속에서 행복을 느낄 수 있을 것이다.

아이의 감정을 받아주는 방법으로는 "1. 아이에게 귀를 기울이라, 2. 아이 마음을 이해해 주어라(아이가 지금 무엇을 느끼는지 이해하라), 3. 아이가 느끼는 감정을 말로 표현해 주어라, 4. 물질이 아니라 '사랑할 줄 알며 사는 삶'을 알려줘라" 가 있다. 아무리 엉뚱한 이야기일지라도 '그래?' 하며 귀를 기울이고, 함께 많이 웃는 것이 중요하다.

엄마의 말 한마디가 **우리아이 미래를 결정한다**

Part 6 나 논술을
잘하고 싶어요.

미래 사회를 이끄는 창의적 인재의 능력 기반으로 독서와 논술에 대한 요구가 커지고 있다. 특히 논술에 대한 학엄마들의 관심이 커지면서 초등학생 자녀를 둔 엄마들에게까지 그 여파가 미치고 있다. 대형 서점의 서가에는 초등학교 1학년생을 대상으로 한 책들까지 시판되고 있으며, 상당수는 논술이 마치 일정한 해답이 있는 것처럼 과장하고 왜곡해 논술교육에 부정적인 영향을 끼치고 있는 것도 사실이다. 논술이란 무엇일까? 논술을 단순한 글쓰기로 보는 사람들이 많은데, 논술은 자신의 생각을 창의적이고 논리적으로 써나가는 것이다. 창의적이라는 것은 자신의 생각을 자신만의 방법으로 나타내야 한다는 것이고 논리적이라는 것은 어떤 사실에 대한 적합한 이유를 찾아내는 것으로 자신이 갖고 있는 지식을 기본으로 한다. 그러므로 논술을 잘하기 위해서는 무엇보다 폭넓은 지식이 요구된다고 할 수 있다.

평소에 교과목을 달달 외우는 것이 아니라 폭 넓고 깊게 이해하고, 독서와 현장체험, 대화 등을 통해 교과서 이상의 해박한 지식을 갖추고 있어야 한다. 더 나아가 지식을 바탕으로 자신의 생각을 논리정연하게 글로 풀어서 설명할 수 있는 능력을 키워야 하기 때문에, 논술을 가능한 빨리 체계적으로 장기간 준비 하는 것이 좋다. 그래야 당장은 학교 시험, 길게는 입시에 이르기까지 유리하다. 논술의 기본 평가 항목은 창의력, 이해분석력, 논증력, 표현력 등이다. 이중에서 창의력의 비중이 가장 높다. 즉, 논술을 잘한다는 것은 '참신한 자신의 생각을 분석적이고 논리적인 글로 표현하는 능력이 뛰어나다'는 것을 의미한다.

평소에 논리적이고 체계적이며 분석적인 생각의 힘을 키워주는 능력은 '말하기'에서 비롯된다. '논리적으로 말 잘하는 아이치고 똑똑하지 않은 아이가 없다'라는 말은 이러한 근거에서 나온다. 뒤집어 말해 '말 잘하는 아이는 논리적이고 체계적으로 생각하며, 따라서 논술도 잘 한다'는 공식이 성립된다.

최근 논술과 더불어 구술 면접의 비중이 점차 높아지고 있는 것도 '말하기'의 중요성이 부각되기 때문이라고 볼 수 있다. 특수목적 고등학교 등 고등학교 입학시험이나 대학입시에서도 구술면접이 커지는 것은 물론이고, 신입사원 채용시험에서도 면접의 비중이 더 커지고 있는 것이 현실이다. 구술도 논술이 바탕이 되지 않으면 제대로 치러낼 수가 없다. 개개인에 따라 약간의 차이는 있겠지만 대부분 초등학교 4학년까지는 '글짓기', 5학년이후부터는 '논술'로 글쓰기 프로그램이 전개된다. 즉, 자기중심적인 사고를 하는 초등학교 저학년 시기에는 자신의 생각을 자유롭게 표현하는 일기, 독서록, 기행문 등의 글쓰기가 이뤄지며, 객관적인 사고능력이 발달하는 초등 고학년 시기에는 다른 사람을 설득할 수 있는 근거를 제시하고, 자기주장을 논리적이고 체계적으로 전개해나가는 '논술'교육이 이루어질 수 있다. 결론적으로 초등학교 고학년에야 비로소 논술이 가능하다는 얘기이다. 그렇다고 아무런 준비도 없이 '그때'가 오기를 기다려서는 안된다. '논술'은 결과물이고, 좋은 결과물이 나오기까지 다년간의 준비과정이 필요하기 때문이다. '독서'와 더불어 '말하기능력'이 핵심적인 논술 토대가 된다. 평소에 논리적이고 체계적으로 생각하는 것이 습관이 된 아이는 논술 실력도 뛰어나다. 이러한 생각하기 습관은 어릴 때부터 엄마와의 대화로부터 싹이 튼다는 점에 비춰보면, 평소 엄마와 자녀의 올바른 대화가 '논술'과 얼마나 밀접한 연관성이 있는지 알 수 있다.

1.아이와 자주 대화하라.

　　아이의 논술능력을 높이려면 아동의 논리적인 사고를 높여야 한다. 결국 논리적 사고를 하기 위해서 대화를 통해서 논리적 사고 능력을 높여 주어야 한다.

　　논리적인 사고를 증가시키는데 방해 요소는 자기의 고집만을 갖고 사는 것이다. 따라서 아이들에게 혼자 생각하고 혼자 말하게 하기보다는 엄마와의 대화를 통해서 자연스럽게 논리적인 사고가 증가하도록 해야 한다. 가장 기본적으로 아이는 행동이 아닌 말로 자신의 의사를 표현하는 걸 배워야 한다. 그래야 어른이 되어서도 자신의 의사를 정확하게 표현할 수 있다. 하지만 그냥은 잘 모른다. 어떨 때 속상하다고 하는지, 어떨 때 아프다고 하는지, 어떨 때 화가 난다고 하는지 감정을 표현하는 많은 경우를 간접체험을 통해 아이에게 알려주어야 한다. 엄마 역시 아이들에게 자신의 감정을 솔직히 말할 필요가 있다. 무작정 화만 낸다고 해서 아이들을 교정시킬 수는 없을 것이다. 왜 화가 나는지 구체적으로 이야기해 주면 훨씬 수긍하는 자세를 가지게 마련이다. 이렇게 가정에서 자연스러운 대화를 통한 자신의 감정을 표현하는 습관이 길러지면 논리적인 사고를 확장시킬 뿐 아니라 엄마와 자녀의 관계 역시 부드러워지게 된다. 더 나아가 주제를 정해서 토론을 하게 된다면 더 큰 시너지 효과를 발휘하게 될 것이다. 아이들을 토론 학원에 보내는 것보다는 엄마가 직접 대화자가 되어 토론 문화를 접하게 하는 것이 좋다. "밥 먹을 때는 얘기하는 거 아니야" 아직도 이런 말들이 밥상 앞에서 이루어지고 있다면 심각하게 반성해야 한다. 일상생활에서 주제를 정해 아이가 자기 뜻을 펼 수 있도록 자주 기회를 주는 것만으로도 좋은 토론 학습이 될 수 있다.

또한 맞벌이 엄마와 아이들은 상호간 대화가 적은 경우가 많다. 맞벌이 엄마들은 아침 일찍 일어나 아이를 놀이방이나 학교로 보낸 후 회사에 갔다가 저녁 늦게, 아이들이 학원에서 돌아와 잘 시간에야 비로소 집에 들어오기 일쑤이기 때문이다. 그러다 보니 자연히 아이들과 멀어질 수밖에 없다. 아이들과 대화가 적어지면 자연히 아이들의 생각이나 생활을 이해하지 못하게 된다. 그러므로 아무리 바쁘더라도 주말에는 꼭, 아이들과 놀아주어야 한다. 그들의 이야기를 들어주고 무슨 말을 하는지 귀를 기울여야 한다.

〈아이들과 함께 할 수 있는 대화 동참하기〉

친구이야기, 학교 이야기, 최근의 관심거리 특히 아이들이 제일 좋아하는 것이 무엇인지 알아내 같이 동참해주자. 그리고 내 아이가 다른 아이들보다 말을 조리 있게 잘하도록 지도해주자.

◑ "누가, 언제, 어디서, 무엇을, 어떻게, 왜"라는 원칙에 맞게 말할 수 있도록 유도하자.
"그래, 그 친구는 누구며 어디 살고 뭐를 좋아하고 언제 만났니?" 등등으로 아이에게 조리 있게 말하는 법을 유도해서 가르쳐줄 수 있다.

◑ 아이가 말을 하면, "그랬어?"하고 관심을 가지고, 박수도 치고 "어머나. 너무 멋지다."라고 말 할 줄 아는 엄마가 되자. 엄마라고 권위를 내세우며 아이를 항상 주눅 들게 하면,아이는 말을 잘 못하게 된다.

◑ 아이가 스스로 말할 기회를 주고 이야기 할 때 끊지 말며 시시하더라도 늘 "좋다"라고 말하는 엄마가 되자. 아이에게 말을 가르치는 최고의 방법은 그의 말을 잘 들어주는 것이다.

2.설득하는 기술을 가르쳐라.

대화는 엄마와 아이가 서로 자신의 감정을 전달하는데 유용하게 사용되어 진다. 특히 아이를 설득하거나, 좌절한 아이에게 용기와 희망을 주거나, 아이와의 관계를 더욱 돈독하게 유지하는 것도 대화를 통해서 가능하다.

그러나 엄마가 일방적이고 권위적인 경우에는 아이들은 자신의 의사표현이 매우 서투르거나 수동적이 되기 쉽다. 엄마가 일방적인 지시를 했기 때문에 아이는 자유롭게 의사를 표현할 기회가 부족해서 자신의 생각이 옳은지 그른지를 따져보지도 못하면서 성장하기 때문이다. 엄마에게 무슨 이야기를 해도 한마디로 "안돼", "왜 그걸 하려고 하는데" 등으로 일축시키기 때문이다. 따라서 아이의 사고를 더 이상 발전시킬 수 없다. 이처럼 위축된 사고에서는 논리적인 사고는 더 이상 기대할 수 없다.

더구나 요즘 아이들은 자신의 의견이 없거나 있어도 그것을 내세우는 요령을 알지 못하는 경우가 많다. 이런 아이들에게 자신의 주장을 갖는 방법과 그 주장을 남에게 설득력 있게 전달하는 방법을 가르쳐야 한다.

설득이란 자신의 의견이나 사고에 상대가 찬성하도록 하든가 지지하도록 하든가 또는 적극적인 반대가 없도록 하던지 아니면 자신이 뜻하는 행동이나 동작을 상대가 행하도록 하는 것이다. 곧 설득은 자신의 개성 있는 지식이나 정보를 상대에게 납득시키는 것이다. 즉 설득은 잘 설명하거나 타이르거나 해서 납득시키는 것으로 논거를 중심으로 구성해서 상대를 납득시키는 것이다.

남들에게 설득력 있게 말하기 위해서는 먼저 주장이 분명해야 하고, 그 주장에 대한 이유를 분명히 댈 수 있어야 한다.

또 상대방과 의견이 다를 때는 그 의견에 대한 반론을 제기할 수 있어야 한다. 이를 위해서 '정당화'와 '반론꺾기'라는 토론법을 익혀야 한다. 정당화는 자신의 주장이 왜 옳고 좋은 것인지를 설명해 상대를 설득하는 것으로 좋은 이유를 대고 그 이유를 풀어서 설명하는 방식의 토론법이다. 반론꺾기는 자신의 주장에 대한 반대편 입장을 잘 알아본 뒤 그에 대한 반론을 세워 상대방을 설득시키는 토론법의 한 방식이다.

미국에서 최고의 명사회자를 꼽으라면 '오프라 윈프리'를 꼽을 것이다. 그녀를 모르는 사람은 미국엔 없다고 할 정도로 유명한 사회자이다. 오프라 윈프리는 최고의 시청률을 기록한 '오프라 윈프리 쇼'의 사회자이고 흑인 중에서 가장 성공한 사람으로 꼽히고 있다. 그녀는 흑인으로서 매우 가난한 성장환경을 가지고 있으며, 마약 중독에 미혼모의 경험을 가지고 있다. 그러한 그녀가 도저히 생각하기도 어려운 최고의 존경을 받는 명사회자가 된 것이다.

그녀의 성공요인은 얘기하는 사람과 함께 눈물을 흘리며 감정을 표현함으로 인해서 어려운 사람들의 마음의 문을 설득이라는 열쇠로 열었기 때문이다.

오프라 윈프리는 상대방의 설득을 얻어 내기 위한 방법으로 다음과 같은 다섯 가지를 들었다. 첫째, 항상 진솔한 자세로 말하여 상대방의 마음을 열어야 한다. 둘째, 아픔을 함께 하는 자세로 말하여 상대방의 공감을 얻어야 한다. 셋째, 항상 긍정적으로 말한다. 넷째, 사랑스럽고 따뜻한 표정으로 대화한다. 다섯째 말할 때는 상대방을 위한다는 생각으로 정성을 들여 말해야 한다. 오프라 윈프리는 바위 같은 고집쟁이도 정성을 다해 말하면 꼼짝없이 마음의 문을 열고 설득당할 것이라고 하였다.

이처럼 설득을 하기 위해서는 일반적이고 기계적인 대화에서 벗어나 상대방에 대한 충분한 분석을 바탕으로 어떻게 하면 상대방의 마음의 문을 열 것인지를 고민해야 한다. 따라서 당연히 논리적인 사고가 증가할 수 밖에 없게 된다.

3. 사고를 자극하는 질문을 하라.

엄마가 질문을 잘하면 아이가 답변하기가 쉽지만 질문을 잘못하면 아이는 오히려 답을 하기가 어렵다. 따라서 질문을 하기는 쉽지만 좋은 질문을 하는 데는 고려할 부분들이 있다.

좋은 질문이 되기 위한 조건들을 따져보면 다음과 같다.

첫째는 질문은 명확하고 간결하게 해야 한다. 질문이 명확하고 간결해야 아이는 엄마의 질문이 무엇을 묻는 것인지를 아이가 쉽게 이해하여 대답할 수 있다. 또한 질문이 엄마가 원하는 응답의 방향과 내용으로 유도할 수 있다. 그러나 질문이 명확하지 못하고 간결하지 못하면 아이는 엄마의 질문 의도를 알지 못해 적절한 답변을 찾느라 고생하게 된다. 따라서 설명적인 장황한 질문이나 이중, 삼중의 중복적인 내용의 질문은 피해야 한다.

둘째는 여러 가지를 물을 때는 질문을 계열화한다. 한꺼번에 여러 가지 질문을 동시에 해야 할 때는 생각나는 대로 임의의 순서로 묻기보다 가장 먼저 질문해야 할 것 부터 차례차례 물어 결론 부분에서 하는 질문 순으로 계열화하는 것이 바람직하다.

셋째는 개인차를 고려하는 질문을 한다. 질문은 아이의 개인차에 따라 난이도를 고려함으로서 지적능력이 높은 사람에게는 어려운 질문으로 자극을 주어 학습의욕을 일으켜 주고 학습 부진아에게는 쉬운 질문으로 성취감을 경험하도록 하여 자신감을 갖고 참여하도록 하는 것이 바람직하다.

넷째는 생각할 시간을 충분히 준다. 엄마는 질문을 하고 일정한 기간을 기다려 주어야 한다. 아이는 시간을 두고 사고활동의 과정을 통해서 응답이 가능하기 때문이다. 질문에 대해 기다려주어야 하는 적당한 시간으로는 적어도 5~15초 정도는 적당하다. 그러나 아이가 계속하여 대답이 없는 경우에도 대신 대답해 버리지 아니하고 오히려 단서나 힌트를 주거나, 문제를 쉽게 설명해 주거나, 또는 비슷한 문제를 예시해 주어 반응을 유도한다.

다섯째, 핵심에서 벗어나지 않아야 한다. 아이가 "다시 한번 말씀해 주시겠어요?"라고 하거나 더 심하면 "그게 이 문제와 무슨 관계가 있죠?"라고 한다면 질문이 핵심에서 벗어나고 있다는 증거이다. 이미 그 정도의 말을 할 정도라면 대화는 서로 다른 방향으로 흘러가고 있다고 해도 과언이 아닐 것이다. 효과적인 질문은 반드시 핵심을 벗어나지 않고 핀트를 잘 맞추어야 가능하다.

여섯째, 상황에 적절해야 한다. 상황이나 타이밍이 부적절한 질문은 아이를 당혹하게 하거나 분위기를 어색하게 만든다. 목적과 상황, 분위기, 타이밍에 부합하게 질문해야 한다. 만약 아차하는 사이에 적절치 않은 질문을 하였다면 재빨리 초점을 되찾아 상황을 반전시켜야 한다. 그러기 위해서는 아이를 미리 파악하고 현상에 대한 깊은 조예가 있어야 가능하다.

일곱째. 질문은 긍정적이고 건설적이어야 한다. 생각을 키워주는 질문을 하기 위해서는 항상 긍정적인 방향으로 이끌어야 한다.

질문 중에서 가장 쉬운 질문은 아는 것을 물어 보는 질문이다. 사고를 자극하는 질문은 이미 아이가 알고 있었던 내용이나 경험한 사실을 알아보기 위한 질문을 말한다. 사람들은 대화 중에 질문을 받게 되면 "아 이 사람이 대화중에 나에게 관심이 있구나"라고 생각하여 대화 분위기를 긍정적으로 만들어 준다. 그러나 말을 주고받는 대화만 한다면 생각을 자극하지 못하여 아이를 점점 수동적이게 만들 뿐만 아니라, 지시나 강요로 이어져 그들의 행동과 습관을 제지하고 억누르는 듯 비칠 수 있다.

사고를 자극하는 질문은 주로 대화의 도입 단계에서 주로 이루어지는 질문이다. 사고를 자극하는 질문은 대화를 편안하게 만들어 주는 역할을 하기 때문이다. 질문의 내용은 아이가 대개 알고 있거나 잘 알 수 있는 단순한 지식과 사실, 일이나 취미와 관련된 질문, 지난 만남 시 화제와 관련된 질문, 중요한 사건, 건강이나 의상이나 외모에 관련된 질문, 아이의 최근의 관심분야에 관련된 질문, 계산 결과, 안부, 개인적인 문제 등에 관한 질문으로 일문일답의 형식을 취하는 질문을 말한다.

사고를 자극하는 질문은 아이의 생각을 키워주는 질문이다. 주로 사람들과의 개인적 문제나 상황에 대하여 대화할 때, 자녀들과 대화할 때, 등에서 아이를 위한 질문을 하면, 아이의 생각을 자극하여 올바른 방향으로의 사고전환과 관점을 바꿀 수 있다.

간단하고 이미 알고 있는 질문은 아이로 하여금 질문에 답하면서 공감을 느끼거나 동질성을 느끼게 할 수 있다.

〈사고 자극하는 질문 대화〉

◉ 안부 : "요즘 잘 지내고 있지?"

◉ 경험 : "전에 가족과 같이 갔던 곳이 좋았지?"

◉ 사실 : "미국 대통령의 이름은 뭐지?"

◉ 취미 : "요즘은 뭘 주로 하니?"

◉ 관심분야 : "무엇을 샀니?"

◉ 경험한 사실 : "오늘 기분은 어때?"

◉ 외모 : "요즘 많이 예뻐진 것 같아 비결이 뭐니?"

◉ 계산 : "3+4는 얼마지?"

4. 사고를 촉진하는 질문을 하라.

　사고를 촉진하는 질문은 엄마가 필요한 자료를 모두 제시하지 않은 상황에서 아이가 자유롭게 자신의 자료를 산출하게 하는 질문이다. 주로 아이의 사고를 특정한 방향으로 제한할 만큼 충분한 정보를 제공하지 않은 상황에서 세밀화, 확산적 연결, 또는 종합과 같은 조작을 자극한다.

　아이의 사고를 촉진하는 질문은 자신이 가진 지식, 정보 등을 이용하여 비교, 대조, 구분, 분석, 종합하여 응답하게 하는 질문이다. 따라서 아무렇게나 대답하는 질문이 아니라 아이가 생각을 깊게 해서 응답을 해야 하는 일종의 문제 해결 수준의 질문이다. 즉, 사고를 촉진하는 질문은 아이가 추론하고, 자료를 해석하고, 두 요인 이상간의 관계를 찾아내고, 학습 자료의 핵심 내용을 설명하도록 하는 높은 수준의 질문이다. ．

〈사고 촉진하는 질문 대화〉

◑ "자유와 평등의 다른 점은 뭐지?"

◑ "낫놓고 ㄱ자도 모른다는 것은 뭘까?"

◑ "그렇게 놀기만 하면 어떻게 될까?"

◑ "세상에 물이 없다면 어떻게 될까?"

◑ "원숭이가 진화하면 무엇이 될까?"

◑ "우유와 설탕을 섞으면 무엇이 될까?"

◑ "석탄과 기름이 고갈된다면 어떤 일이 일어날까?"

◑ "지금 식량이 다 떨어지면 어떻게 될까?"

5.객관적으로 말하게 하라.

아이들은 발달단계에 따라 어릴수록 말을 어눌하게 하거나 부정확하게 한다. 모든 사고의 출발을 주관적인 데서부터 시작하기 때문이다. 그러나 성인이 되면 될수록 객관적으로 말해야 성공하는 사람이 된다. 마찬가지로 논술도 객관화 시킨다는데 가치가 있는 것이다.

어떤 말이든 듣는 사람 모두가 '아, 그렇구나!'라고 고개를 끄덕일 수 있어야지 객관적인 것이라 할 수 있다. 그러나 아이들은 자기 입장에서 말하기 때문에 "엄마 나 많이 아파", "친구는 굉장히 잘 살아", "다들 핸드폰 샀어" 등 애매한 표현을 많이 쓴다. 그러나 이러한 애매한 표현은 부정확하고 주관적이라는 것을 알려주어서 객관적으로 말하는 연습을 하도록 해야 한다.

<객관적으로 말하는 대화>

⬛ : "엄마 우리 반 애들 전부 휴대폰을 가지고 있으니 나도 사줘!"

⬛ : "말을 할 때는 그렇게 전부나, 다들, 굉장히 이런 말보다는 정확
하게 말해야 남들도 다 이해하고 설득한단다. 예를 들면 우리 반
이 30명인데 그중에서 15명이 가지고 있어 라고 말해야 하는 거
야"

6. 책을 읽고 토론하는 시간을 가져라.

    영국 역사상 가장 위대한 영국인으로 추앙받았던 윈스턴 처칠은 정치인으로 세계를 변화시켰지만 더욱 유명한 것은 노벨문학상을 수상할 정도로 문학에도 조예가 깊었지고 명연설가였다는 것이다. 그러나 그의 화려한 조명 뒤에는 처절한 인생의 극복이 있었다. 그는 왜소한 체구로 심한 열등의식과 매번 꼴찌를 벗어나지 못한 어린 시절을 보냈다. 그는 자신의 불행을 극복하기 위하여 매일 다섯 시간이 넘는 독서와 연구를 통해 자신만의 지식 세계를 만들어 갔으며 자신의 인생은 물론 세계를 변화시켰다.

    독서는 이처럼 사람의 인생을 변화시키는 재주가 있어 오늘날 성공한 사람들은 대부분 독서를 최고의 성공 방법이라고 말한다. 독서는 아동기 다양한 사고의 증가와 함께 논술을 잘하는 가장 정확하고 기본적인 방법이기도 하다. 아이가 어릴 때부터 책을 읽게 되면 공부도 잘하게 될 뿐 만 아니라 논술도 잘하게 된다.

독서는 논리적인 사고 함양을 위해 정말 중요하다. 책을 많이 읽으면 읽을수록 아이의 논리력은 향상된다. 따라서 아이들에게 독서를 많이 시키기 위하여 노력해야 한다. 좋은 책을 자녀에게 권하려면 엄마는 책에 대한 정보를 많이 알아야 한다. 책에 대한 정보를 많이 알려면 엄마는 인터넷으로 교보문고나 영풍문고 등 대형 서점을 찾아서 정보를 수집한다. 요즈음 아이들 대상으로 팔리는 책 중에서 어떤 책이 베스트셀러인가를 분석하여 그 책들의 머리말이나 후기 등을 꼼꼼히 읽어 좋은 책을 선정하여 아이와 함께 읽고 토론을 벌이는 것이 좋다.

토론하는 방법은 아이가 그 책을 읽고 나면 책의 주제, 요지, 그리고 느낀 점에 대해서 대화를 하는 것이다. 독서한 내용에 대하여 엄마와 아이의 느낀 점은 같지 않을 것이다. 사람마다 느끼는 바가 다르기 때문에 자신의 초점에 대해 이야기하다 보면 사고의 폭이 넓어지게 된다. 또한 대화하는 동안에 논리적으로 말하는 연습이 되기 때문에 논술력 향상에 도움이 된다.

엄마와 토론하는 것을 부담스러워 한다면 아이의 친구들과 함께 토론을 시키는 것도 효과적이다. 책 한권으로 여러 사람의 생각과 느낌을 듣다 보면 아이는 문제에 대한 다양한 시각을 알 수 있고, 나아가 다각적인 문제해결능력을 갖출 수 있다.

엄마는 생활 속에서 상황에 맞는 책의 구절을 인용하여 대화하면 아이는 쉽게 엄마가 말하는 대화의 내용을 이해할 수 있다. 만약 책을 읽지 않았을 경우에는 호기심을 갖게 되어 책을 읽게 될 것이다. 엄마의 조그만 실천으로 아이는 독서왕, 논술왕의 길로 진입할 수 있다.

〈토론 대화〉

엄마 : "이번에 읽은 나폴레옹은 어느 나라 사람이니?"

아이 : "프랑스 사람이에요"

엄마 : "나폴레옹이 왜 위대하니?"

아이 : "불가능을 모르는 사람 같아요"

엄마 : "불가능이 뭐니?"

아이 : "불가능은 해서 안되는 일이잖아요?"

엄마 : "맞아 아들은 불가능이 있다고 생각해?"

아이 : "아니 열심히 노력하면 나폴레옹처럼 불가능이 없다고
　　　생각해요."

엄마 : "잘 생각했어. 세상은 마음먹기에 달린거야."

7. 5단계로 대화하라.

독후감이나 일기와 달리 논술이나 구술은 독자나 청취자를 설정하고 그들이 던지는 질문에 답하는 방식으로 나가야 한다. 횡설수설하는 아이들은 생각은 많지만 자기 글이나 말에 취해 논리정연하게 정리할 줄을 모른다. 반면 어떤 질문에 단답형으로 짧게 끝내는 아이는 적절한 논리적 구성을 끌어내는 것을 어려워한다. 논술은 원고지 5장 이상의 비교적 긴 글을 써야 하는데 사고의 깊이가 깊지 않은 아이들은 '서론-본론-결론'이란 형식적 구성만으로 글을 쓰기 어렵다.

따라서 대화를 할 때에는 5단계 대화법을 사용하는 것이 좋다. 5단계 대화법은 아이의 심리를 목적지에 이끄는 가장 효과적인 대화법이라고 할 수 있다. 5단계 대화법은 먼저 엄마가 습관적으로 사용하고, 아이들도 무슨 대화를 하려면 꼭 5단계 대화법을 사용하게 하면 논리력이 높아진다.

제1단계 : 주의를 끄는 단계

대담하고 기발한 표현이나 유머, 위트, 놀라운 사실 등 아이의 반응을 유도하기 위한 수사적 질문을 던진다.

Example

- ◑ "오늘 날씨가 너무 좋지."
- ◑ "아까 먹은 피자 맛있었지."
- ◑ "요즘은 잘 지내지?"

제2단계 : 대화 주제를 정확히 하는 단계

엄마가 아이가 하고 싶은 대화의 주제를 찾아내서 개념을 정확히 하거나, 흥미를 갖는 이유, 문제해결의 중요성 또는 필요성을 제시하는 단계이다.

Example

- ◎ "너 핸드폰 갖고 싶다고 했지?"
- ◎ "요즘 네가 고민이 많다며"
- ◎ "맛있는 것이 먹고 싶다며?"

제3단계 : 문제의 해결 방법을 알려주는 단계

엄마의 전문성과 경험을 바탕으로 아이의 상황을 분석하고 최선의 문제 해결 방법을 알려주는 단계이다.

◎ "핸드폰 가지려면 엄마를 잘 도와줘야 해"

◎ "네가 고민하는 것은 친구들이 부러워서 하는 거야"

◎ "맛있는 것이 먹고 싶으면 우리 운동을 하고 나서 먹도록 하자"

제4단계 : 구체화의 단계

엄마가 제안한 문제 해결 방법에 대하여 그렇게 해야 하는 이유와 증거, 사실, 통계자료, 극적이면서도 감정적인 예화, 확증할 수 있는 사건, 명확한 사실을 제시해주는 단계로 아이가 실천에 옮길 수 있도록 해준다.

Example

◎ "징키스칸이 세계를 정복한 힘은 아빠와 약속을 지키려는 노력 때문이었어. 너도 해볼래?"

◎ "아들이 엄마를 안도와 주면 엄마 마음이 어떻겠어"

◎ "아침 일찍 일어나는 사람들의 95%가 성공하였단다."

제5단계 : 결과를 평가해 주는 단계

지금까지의 과정을 요약해주고 그에 따라 엄마의 평가를 내려 주는 단계다. 이 단계에서 아이를 감동시키는 긍정적인 결론은 아이의 성공에 대한 보상효과가 있어 아이를 더 강하게 해주는 역할을 수행한다.

Example

◎ "넌 정말 잘하고 있어."

◎ "좋은 결과를 기대할게."

Part 7 창의력을 키워주세요.

아이의 창의력 향상에 대한 엄마들의 관심은 뜨겁기만 하다. 오늘날의 사회는 과거 산업화사회에서 지식사회, 정보화 사회로의 대변혁의 과정을 거치고 있다. 이것은 우리 사회 전반에 큰 변화를 가져오는 현상으로 상당한 불확실성과 복잡성이 내포된다. 그래서 예측 불가능성이 증가하기에 많은 사람들에게 스트레스를 주고 위협으로 느껴지게 한다. 따라서 21세기를 살아가는 우리들에게 가장 필요한 것은 바로 독창적인 사고의 차별성이라고 할 수 있다. 그래서 유아 때부터 청소년기에 이르기까지 창의력 개발 교육은 물론 심지어 창의력 있는 아이를 낳기 위한 태교법도 생겨나고 있다. 지금까지는 어떻게 하면 많은 양의 지식을 습득하느냐가 교육학의 연구 대상이었다면 이제는 지식의 양보다 이를 통합적으로 응용하는 능력이 강조되고 있다. 더욱이 지금의 획일적인 공교육에 대한 비판의식이 높아지는 가운데 창의력이 차세대의 경쟁력을 좌우할 자질로 평가받고 있기 때문에 창의력이 경쟁력을 결정하는 시대가 되었다.

창의성에 대한 전문가들의 개념 정의는 다양하다. 흔히 창의성 하면 '엉뚱하고 기발한 아이디어'를 연상하지만 창의력은 이보다 훨씬 포괄적인 개념이라 할 수 있다. 즉 창의력이란 기존에 없던 무언가를 새롭고 독특한 것으로 만들어내는 능력이다. 하지만 창의적인 자녀는 기존의 인습과 사고에서 벗어나 있기 때문에 엄마를 불편하게 만든다. 엄마입장에서 그 불편함을 관용할 때 아이의 창의성이 길러지고, 아이는 급변하는 사회에서 혁신을 일궈낼 것이다. 자녀가 무언가 궁금해서 만지고 자르고 부수느라 밤을 새워도 야단치지 말고 공부하라는 말을 삼키고 대신 환호해 줄 수 있어야 한다.

벤자민 프랭클린은 원하는 것은 무엇이든지 자신의 노력에 의하여 이룰 수 있다고 생각한 사람이다. 남들은 한 가지 분야에서 성공하기도 힘들지만 벤자민 프랭클린은 평생을 살면서 인쇄공, 주간지 발행인, 의용병 대장, 시의원, 유명한 작가이자, 정치가, 애국자, 저명한 과학자로 미국 역사 발전에 지대한 공헌을 하였다. 그는 10살 때부터 학교를 그만두고, 마땅한 정규교육을 제대로 받지는 못했지만 창의적인 노력을 하였다. 그는 미국 건국 초기에 워싱턴 장군을 도와 미국 역사에 중요한 역할을 수행하였다. 그는 독립선언서를 만드는데 기여하였으며, 활발했던 지도자로 대통령직 외에는 국가의 중요직을 골고루 맡았던 위대한 사람이었다. 벤자민 프랭클린은 다양한 경력을 바탕으로 창의성이 매우 뛰어났다. 그의 놀라운 창의성은 피뢰침, 2촛점 안경, 스토브 이외에도 수많은 발명으로 이어졌다. 그는 항상 변화와 혁신을 꿈꿔왔다. 그래서 영국의 식민지에서 독립하기를 원해 직접 의용병 대장이 되었으며, 독립선언서를 작성하게 하였다. 미국이 독립된 후에도 다양한 멀티 플레이어로서의 능력을 가지고 국가의 기틀을 혁신적으로 변화시키는데 앞장섰다. 오늘날 미국이 지금처럼 강대한 국가로 자리를 잡게 하는데 이 벤자민 프랭클린의 역할이 컸다는 것을 알 수 있다. 이처럼 벤자민 프랭클린은 제대로 교육의 혜택을 받지 못했으면서도 창의력으로 자신의 인생을 변화시키고 미국의 역사를 변화시켰다.

늘 같은 것만 보고, 생각하고, 같은 방식으로만 행동하는 아이는 환경에 아주 작은 변화만 있어도 어쩔 줄 몰라 하며 당황 하지만 다양한 것을 보고, 듣고, 사물을 바라보는 다방면의 시각을 기른 아이는 어떤 상황에 부딪혀도 차분하고 현명하게 보다 나은 답을 찾아낸다.

창의력은 결코 특별한 사람만이 갖고 있는 거창하고 특수한 것이 아니라, 다른 사고 능력과 마찬가지로 누구나 가지고 있는 보편적 능력이며, 그렇기 때문에 학습과 훈련으로 계발될 수 있다.

학자들에 따라 약간의 차이가 있기는 하지만 창의력은 대략 3세~5세 사이에 최고조에 달하여 발달하고 이후에는 서서히 퇴화한다고 한다. 어릴 때 창의성 계발이 절대적으로 중요한 이유가 바로 여기에 있다.

창의력은 열심히 노력해서 길러지기 보단 타고난 능력이라고만 생각했고 그래서 다른 사고능력에 비해 어렵고 복잡한 능력이라고만 생각했다. 그러나 엄마가 조금만 주의를 기울여도 일상적으로 스칠 수 있는 사소한 것으로부터 아이들의 창의력을 키워줄 수 있다.

1.하고 싶은 일에 대해 대화하라.

아이들에게 자신이 하고 싶은 일에 몰두하게 해주면 창의적 아이디어가 샘솟듯 쏟아져 나온다. 특히 지시와 명령 속에 자란 아이들에게 하고 싶은 일을 하게 해주면 꽁꽁 묶여 있었던 창의성이 출구를 찾으면서 술술 풀려나오는 것이다. 따라서 아이들이 하고 싶은 일을 찾아서 그 일을 하게 해주는 것이다.

아이들에게 가장 하고 싶은 일을 물어 보면 남자 아이들은 컴퓨터 게임, 놀기, TV, 만화책, 운동, 공부, 댄스라도 답하였고, 여자 아이들은 놀기, TV, 컴퓨터 게임, 만화책, 공부, 댄서, 운동 등으로 나타났다.

아이들이 하고 싶은 일을 하게 하되 아이들이 좋아하는 일에 대해서 대화를 나누면 창의성이 증가하게 된다.

〈아이 의견 존중해 주는 대화〉

엄마 : "우리 공주는 뭐가 가장 좋아?"

딸 : "응 TV보는 게 제일 좋아요."

엄마 : "어떤 프로그램이 제일 좋은데?"

딸 : "난 연속극이 제일 재미있어요"

엄마 : "연속극 중에서도 좋은 것은?"

딸 : "연인들의 이야기가 나오는 거"

엄마 : "왜 그게 좋은데?"

딸 : "나중에 내가 결혼할 상대를 찾으려고해"

엄마 : "그래서 어떤 남자가 좋은데?"

딸 : "응 멋있고, 재미있는 사람요"

엄마 : "네 생각에 멋있는 건 뭔데?"

딸과 엄마의 대화에서 보듯이 엄마는 딸의 좋아하는 것을 찾아내 대화를 계속 유도해 나감으로 인해서 사고를 자극하게 하고, 답변을 찾는 과정에서 창의력이 나타나도록 해야 한다.

2. 원리와 결과를 말하게 하라.

　세상의 거의 모든 일은 원인과 결과가 있다. 즉 원인이 있어야 결과가 있다는 것이다. 대화에서도 원리가 무엇인지를 찾아내게 한다면 아이들은 사고가 발달하게 된다. 아이들도 점차 말을 하게 되면서 단순히 "이건 뭐예요?" 하는 수준에서 "이건 왜 그래요?" 라고 물으면 아이의 호기심이 왕성해졌다는 것을 뜻한다. 그러나 아이의 질문에 일일이 대답해준다는 것은 엄청나게 힘든 일이다. 따라서 귀찮은 마음에 대충 얼버무리게 되면 아이들의 마음에는 여전히 궁금함이 남아 있는데, 엄마가 이것을 무시해 버릇하면 아이의 창의력을 기대하기는 어렵다.

　따라서 엄마는 단순하게 사물의 이름을 알려주는 대화에서 원인과 결과를 갖춰 이야기해주는 것이 좋다.

〈원리 결과 말하기 대화〉

🧑 : "자동차가 뭘로 움직일까?"

🧒 : "기름을 줘야 해요"

🧑 : "기름을 넣으려면 어디로 가야지?"

🧒 : "주유소로 가야 해요."

🧑 : "기름을 안 넣으면 어떻게 되지?"

🧒 : "차가 안 움직이지요."

🧑 : "엄마는 청소 안하는 사람을 안 좋아하는 이유를 아니?"

🧒 : "응! 지저분해지기 때문에요."

🧑 : "아들은 엄마가 안 좋을 거 같아? 좋아할 거 같아?"

🧒 : "안 좋아할 거 같아요."

🧑 : "왜?"

🧒 : "청소를 안하니까?"

🧑 : "그럼 엄마가 좋아하게 할려면 어떻게 해야지?"

🧒 : "방을 깨끗이 해야지요"

이러한 대화들은 아이의 자율성과 슬기로움을 키워준다. 또한 '그러나', '그렇지만' 같은 접속어를 자주 사용하는 것도 아이에게 다시 한 번 생각할 기회를 준다.

3. 반대말을 말하도록 하라.

반대말은 서로 정반대되는 관계에 있는 말을 말하는 것으로 사전적인 뜻으로만 생각하면 어렵지만, 아이들의 입장에서 생각하면 아주 간단하다. '크다', '작다'처럼 서로 비교될 만한 것들을 찾으면 되는 것이다.

반대말을 찾는 데 익숙한 아이는 두뇌 회전이 빠르다. 또 놀이를 통해 경쟁적으로 생각하기 때문에 사물의 특징을 파악하는 힘도 더욱 커진다. 그러나 아이가 반대말을 잘 찾아내지 못할 때는 가장 기초적인 것부터 시작하여 단계별로 어려운 반대말을 찾도록 한다.

〈반대말 대화〉

엄마 : "기린은 크니? 작니?"

아 : "커요"

엄마 : "그럼 작은 거는 무엇이지?"

아 : "지렁이요"

엄마 : "그럼 지렁이는 기니 짧니?"

아 : "길어요."

엄마 : "그럼 짧은 것은?"

아 : "개미요"

　　반대말 찾기를 통해 아이는 새로운 단어를 알게 되고, 대립되는 말과 사물을 연결함으로 인해서 굳이 뜻을 설명해주지 않아도 짐작으로 알게 된다. 결국 사물을 보는 눈도 그만큼 넓고 다양해지는데, 다양하게 생각하는 것이야말로 창의력의 중요한 요소 중 하나이다.

4. 수수께끼를 풀도록 하라.

　수수께끼란 어떤 사물에 대하여 바로 말하지 않고 빗대어서 말하여 그 사물의 뜻이나 이름을 알아맞히는 놀이를 뜻한다. 보통 아이들이 하는 수수께끼의 답은 단 하나이다. 그러나 생각하기에 따라 정답이 백 개가 넘는다면 아이들은 끝없이 상상의 나래를 펼 것이다. 똑같은 문제라도 아이의 연령에 따라 답이 달라질 수 있어야 좋은 수수께끼가 된다.

　아이의 지적 능력과 연령에 따라 단계가 나누어 수수께끼를 하는 것은 아이의 상상력을 자극하는 데 매우 좋다. 1단계 문제라고 해서 아주 어린 아이에게만 물어볼 필요는 없다. 연령이 높을수록 그만큼 생각의 폭이 넓어서 뜻밖에 좋은 답이 나올 수 있다.

<수수께끼 대화>

◎ "무엇이 있어야 물건을 살 수 있지?"

➔ "돈, 수표, 신용 카드 등."

➔ "금을 비롯한 보석, 산삼 같은 귀한 물건, 아이디어 등 (창의력이 풍부한 아이의 답)"

🔵(엄마) : "여기서 빨간 색은 뭐가 있지?"

🔵(내가) : "고추, 당근요."

🔵(엄마) : "그럼 고추를 먹으면 어떻게 될까?"

🔵(내가) : "매워요."

🔵(엄마) : "그럼 고추를 어디에 넣으면 좋을까?"

🔵(내가) : "김치, 고추장, 멸치 볶음요."

🔵(엄마) : "넌 어떻게 제일 맛있어?"

🔵(내가) : "다 맛없지만 그래도 멸치 볶음이 맛있어요."

만약 아이가 엉뚱한 대답을 하면, 왜 그런 생각을 하게 됐는지 반드시 확인해야 한다. 그러지 않고 그냥 틀렸다고 해버리면 아이는 크게 실망하게 된다. 아이의 상상력은 어른들이 생각하는 것보다 훨씬 뛰어나므로 인내심을 가지고 이야기를 들어주는 것이 좋다. 아이의 생각을 인정해주고 칭찬할 때 창의력도 커질 수 있기 때문이다.

아이가 창의력이 풍부한 답을 하지 못하게 되면 엄마, 아빠가 몇 가지 정도의 답을 말해주고 그 이유를 간단하게 설명해줘야 한다. 그러한 서너 번의 반복을 통해 아이는 다양하게 생각하는 방법을 배우게 된다.

5. 책 읽은 후 생각을 나누어라.

요즘 아이에게 글을 빨리 가르치려고 하는 엄마가 늘고 있다. 그런데 엄마가 미쳐 살피지 못하는 부분이 있는데, 그것은 바로 글을 아는 아이는 많아도 글의 뜻을 파악하는 아이는 매우 드물다는 것이다. 문장의 뜻을 파악하지 못하면서 읽을 줄만 아는 것은 아무런 의미가 없다. 아이가 이야기의 내용을 올바로 파악할 수 있는 능력이 생겼을 때 비로소 지식과 감동이 전달될 수 있는 것이다.

아이가 '글자'가 아닌 '글의 의미'를 알게 하기 위해서 엄마들의 주의 깊은 배려가 필요한데, 조금만 방법을 달리하면 아이에게 읽기의 진정한 즐거움을 느끼게 해줄 수 있다. 그 중 엄마와 함께 같은 글을 읽고 서로의 의견을 말해보는 것은 창의력에 큰 도움이 된다.

책을 읽은 뒤에는 이런 대화를 통해 읽은 내용을 감상 하도록 하고, 적절한 과제를 통해 내 아이가 책을 더 깊게 이해하도록 해주어야 한다. 그러나 책을 읽은 후 아이에게만 이야기를 시킨다거나 "네 생각이 틀려"

라며 엄마가 생각한 바만 강요한다면 오히려 역효과가 생기니 아이의 생

각을 존중하면서 대화해야 한다.

〈케네디 집안의 대화 방법〉

◈ 게시판 활용한 저녁 식사 시간

미국의 고 케네디 대통령을 낳은 케네디 집안이 이것을 잘 활용했다. 아홉 아들의 어머니였던 로즈 부인은 저녁 식사 시간을 지적 훈련 시간으로 삼았다. 식당 입구에 게시판을 달아 두고 그 날 뉴스를 신문에서 잘라 붙이고 뉴스에 관하여 서로의 의견을 나누었다. 이야기 거리는 다방면에 걸쳐 있어 어린 동생들에게는 어려웠지만 차츰 형이나 누나를 본받아서 자기의 생각과 의견을 분명히 말 할 수 있게 되었다.

◈ 이불 속 대화

또 가끔씩 잠자리에서 '이불 속 대화'를 하였다. 이불 속 대화는 고구마 덩굴이 줄기채 따라 오르는 듯한 즐거움이 많았습니다. 한 이불 아래 아이들의 체온을 느끼다 보면 하루가 다르게 쑥쑥 자라는 것을 느끼게 된다. 이러한 대화를 통해 마침내 대통령을 만들었고, 법무장관, 상원의원이라는 결실을 맺었다고 한다.

이런 일화를 보고 알 수 있듯이 글을 읽고 자유롭게 자신의 주장을 끝까지 펼 수 있는 힘을 늘림으로써 아이들의 창의력을 기를 수 있다. 엄마와 아이간의 대화는 아이의 성장에 많은 영향을 끼치며 대화의 내용과 방법은 자녀들의 인격이나 지혜를 변화시키는 데 결정적인 역할을 한다. 아이들이 말하는 기회를 더 많이 주고 깊이 생각을 필요로 하는 질문이나 답변은 창의력을 키우는 좋은 동기가 된다. 엄마와 자녀 간의 대화는 지적 자극을 주며 창의력을 키워 준다. 엄마가 아이에게 질문을 던져서 말하게 하는 것도 표현 능력과 창의력을 기르는 데 도움이 된다.

6. 오늘 한 일을 정리해서 말하라.

 두 돌이 지나면 아이의 어휘 구사력이 놀랄 만큼 발전한다. 하지만 아직 기억력은 그다지 좋지 못해서 특별히 관심 있어 했던 일조차도 반나절만 지나면 쉽게 잊어버린다. 그래서 아이에게 아침에 한 일, 조금 전에 일어 난 일에 대해 묻고 확인시켜주는 일이 필요한 것이다. 엄마가 아이에게 기억을 자꾸 상기시켜줄수록 아이는 하루하루를 긴장하면서 보내게 되고, 기억력과 창의력도 그만큼 좋아진다.

〈쉬운 대화를 통한 질문 방법〉

❖ 아침을 먹고 난 다음 방금 먹은 음식이 무엇인지 물어보는 대화

엄마 : "오늘 일어나자마자 뭐 했지?"

녀자 : "물로 세수했어요?"

엄마 : "그리고 뭐 했더라?"

녀자 : "수건으로 얼굴 닦았잖아.요."

엄마 : "그 다음에는요?""

녀자 : "아침을 먹었어요."

엄마 : "뭐가 맛있었는데?"

이처럼 곧바로 식사 내용을 물어볼 게 아니라 식사 전후에 있었던 일들을 확인시켜주어야 아이가 쉽게 기억하고 대답할 수 있다. 그리고 맛있었던 음식, 싫었던 음식에 대해 자신의 의사 표시를 확실하게 할 수 있는 것부터 물어보는 것이 좋다.

몇 번이라도 기억하여 말하기를 한 아이는 엄마의 말과 행동을 열심히 듣고 보려고 노력하므로, 아이가 기억하기 쉽도록 말이나 행동을 반복, 강조해주어야 한다.

❖ 아이들은 동생이나 친구들과 싸운 일을 물어보면 잘 말하지 않으려 하고 한다.

• 본인이 잘못했을 경우에는 더욱 그렇다. 그럴 때 칭찬 해 주며 말을 이끌어내는 대화

◎ " 친구들이 많이 속상하게 했구나?"

◎ "그렇지 않으면 싸울 이유가 없잖아."

◎ "우리 ○○가 얼마나 착한데."

이렇게 시간을 조금씩 늘려서 아이가 하루에 있었던 일을 말할 정도가 되면 사흘 정도 대화 내용을 기록한다. 너무 자세히 할 필요는 없고 아침, 점심, 저녁으로 나누어서 큰 사건이나 반복되는 일을 적고, 아이와 같이 하루 일과표를 만든다.

이처럼 날마다 하는 일을 점검하면 아이의 생활이 규칙적이 되어 좋은 생활 습관을 기를 수 있다.

또한 일상생활의 자질구레한 것까지 모두 알게 되므로 엄마는 아이를 훨씬 잘 이해할 수 있고 아이도 자기의 잘못을 되새겨볼 수 있다.

이렇게 자신이 한 일을 기억하는 과정을 통해 아이는 스스로 잘못을 판단하고 반성하며 계획을 세우는 모습으로 발전한다. 어려서부터 올바른 자기 관리법을 터득하게 되면서 창의력 뿐만 아니라 다양한 사고력을 키울 수 있다.

7. 요리놀이 하면서 대화하라.

아이가 갑자기 "속이 빨갛고 까만 씨가 있는 둥그런 과일을 사달라"고 했다고 한다면 적지 않은 엄마가 "얘가 왜 이러지" 또는 "장난치지 마" 하며 당황할 수 있다. 하지만 이런 아이는 분명히 창의성이 풍부한 아이다. '수박'이라는 기존 언어개념의 틀에 사로잡히지 않고 자기 나름의 기준으로 사물을 바라볼 수 있는 창의적인 능력을 갖춘 것이다.

아이들은 과자나 빈대떡 만들기 등 음식 만드는 일을 아주 즐거워한다. 계량컵으로 양을 재보고, 물을 적당히 섞고, 계란을 휘저어 보기도 하면서 양에 대한 것도 터득하게 되고, 왜 영양소가 우리에게 필요한지 알게 돼 호기심을 충족한다. 아이와 함께 요리를 만들어 보면 신체발달은 물론이고 더 맛있고, 더 보기 좋은 요리를 만들려고 두뇌회전을 하게 돼 지적인 발달도 함께 이뤄진다. 또 무게 크기 등 수학 및 과학적인 개념과 '휘젓다, 어슷 썰다, 싹둑 썰다, 노릇노릇하다' 등의 말을 통해 언어에 대한 개념 등이 발달한다. 자녀가 부엌에 들어와서 어지럽힌다고 굳이 꾸지람을 할 필요가 없는 것이다.

가족끼리 샌드위치나 김밥 등 만들기 쉬운 요리를 함께 만들어보고 얼굴이나 손에 재료를 묻혀가며 신나게 만든다. 이것저것 만지고 주무르다 보면 정서적으로 안정된다. 마음껏 만드는 동안 아이는 손끝으로 음식 재료의 질감을 느끼고 맛도 보면서 자연스럽게 오감을 자극 시킬 수 있다. 또한 엄마와 음식을 만드는 과정은 아이에게 정서적 안정감과 자신감을 키워준다. 갖가지 색깔의 요리재료는 미술공부가 된다. 또한 요리 전 재료 상태와 요리 뒤의 변화된 모습을 보면서 과학을 배울 수도 있다. 맛을 느끼는 공부는 덤이다.

8. 상상력이 있는 언어놀이를 하라.

    어떤 언어를 사용하는가에 따라서 우리의 생각도 달라진다. 긍정적인 언어를 사용하는 사람은 긍정적이고 적극적인 사람이 되고 부정적인 언어를 사용하는 사람은 부정적이며 소극적인 사람이 된다. 언어는 마술과도 같다. 최면술사는 언어로 상대를 깊은 꿈속으로 들어가게 한다. 언어에 그만큼 무서운 힘이 들어 있다는 것을 알 수 있다. 말을 잘하는 사람, 생각을 잘하는 사람은 적절한 단어를 잘 연상하고 사용할 줄 아는 사람이 많다.

    언어놀이의 특징은 놀이를 통한 대화방법을 배우는 것이다. 말을 어떻게 해야 할까? 라는 질문은 언어놀이를 많이 하면 자연히 알게 된다. 말에도 리듬이 있다. 큰소리, 작은 소리, 속삭이는 소리, 길게 하는 말과 짧게 하는 말, 어떻게 말을 하는가에 따라서 상대에게 주는 의미가 다르다. 같은 말이지만 어떻게 말을 하는가를 언어의 수단이라고 한다. 말을 잘하는 사람은 슬플 때는 슬프게 기쁠 때는 기쁘게 말하는 사람이다.

사용하는 언어가 생각을 만들어내고 언어는 모든 행동, 형태, 리듬, 색상을 이어가는 놀이여행이라고 할 수 있다.

창의력과 상상력을 키우는데 어떤 언어로 표현하는가 하는 것은 너무나도 중요한 부분이다.

〈언어놀이 대화 방법〉

언어놀이는 낱말주고 받기 ⋯ 단어 잇기 ⋯ 문장 만들기 단계로 발전한다.

◈**낱말놀이**

이름을 붙여주는 놀이, 주변의 사물이름(생활용품, 가구, 그릇 등), 동물(강아지, 고양이, 동물원 등), 식물이름, 장난감 이름, 인물(가족, 친척) 등의 낱말로 간단한 어휘력을 키우게 된다.

◈ **단어 잇기 놀이**

단어의 끝 자를 이어가기는 단어의 연상놀이다. 재미있게 하려면 두 글자 잇기, 세 글자 잇기, 네 글자 잇기, 다섯 글자 잇기 등으로 다양하게 게임을 바꾸면 더욱 재미있고 흥미 있게 된다.

◈ **비교놀이**

낱말을 활용한 사물의 크기, 형태, 색상, 역할, 등을 비교하면서 사고력을 키워주는 놀이이다 (크기비교, 형태비교, 색깔비교).

◈ 만약에 놀이

엉뚱한 생각을 하는 것을 격려하고 왜 그렇게 생각하는지 이야기를 나눈다. 절대 윽박지르거나 설득하려고 해서는 안 된다. 아이의 의견을 끝까지 듣고 하나씩 정리해보는 게 중요하다.

◎ "만약에 입이 없다면?"

◎ "만약에 하마를 집에서 키운다면?"

◎ "만약에 컴퓨터가 모두 사라진다면?"

◎ "그리고 컴퓨터를 대신해서 사용할 수 있는 것은 무엇일까?"

Part 8 감성을
키워주세요.

요즈음은 엄마와 자녀 간에 대화를 나눌 수 있는 기회가 점점 줄어들고 있으며, 이혼가정의 증가와 잦은 이사로 인하여 불안전한 가정에서 자란 유아들이 과거에 비해 많아졌다. 또한 이들은 생활 속에서 많은 학업이나 엄마로부터 스트레스를 받으며 자신의 감정을 잘 조절하지 못하고 화를 내거나 참지 못하는 경향을 보이고 있다. 또한 인내심이 적어 또래 아이와 싸움이 잦고, 쉽게 흥분하는 모습을 자주 볼 수 있으며, 이와 같은 경향은 유아에게 정서적 불안정을 가져오며, 거의 공격적이거나 그와 반대로 위축된 유아를 만들기 쉽다.

이러한 이유로 인해 현대사회에서는 청소년 비행, 학교생활에 적응하지 못하는 문제가 자주 발생한다. 이런 문제들에 대하여 기존의 I.Q 로는 설명력을 잃고 있다. 그래서 머리는 좋은 것 같은데 정서적으로 성숙하지 못하여 학교생활에 어려움을 겪는 아동이 있는가 하면, 스스로의 충동을 잘 조절하여 훌륭한 대인관계를 지속시켜 가거나 긍정적인 인생관으로 어려운 역경을 잘 이겨내는 아이들도 많이 있음은 주변에서 흔히 볼 수 있다.

결국 이러한 문제를 해결하는 것은 I.Q 가 아니라 무언가 필요한 것이 있는데 그것이 바로 감성(EQ)인 것이다.

미래세대가 원하는 리더의 조건은 '감성'이다. 그래서 IQ를 중시하던 교육계에서도 감성교육을 중요시하는 바람이 불고 있다. 기업들도 머리가 아닌 가슴으로 공략해야 한다는 모토로 '감성마케팅'을 펼치고 있다. 그렇다면 감성은 무엇이며 왜 중요한 것일까?

감성이란 다양한 시각에서 정의가 가능하고, 또한 포괄적인 의미를 갖기 때문에 구체적으로 한정지어 정의하기가 어렵다. 그러나 굳이 정의를 한다면 감성이란 자신의 오감(촉각, 미각, 청각, 시각, 후각)을 느끼고 이를 관리하고 조절하는 것이라고 할 수 있다. 또는 자신의 감정을 생산적으로 이용하며 다른 사람의 감정을 읽을 줄 아는 능력을 말한다.

감성이 중요한 이유는 감성이 다른 사람과의 인관관계를 맺는 것과도 매우 밀접하게 관련되어 있기 때문에 감성이 높은 사람은 다른 사람이어서 감정을 잘 이해해주며 자신의 감정을 잘 컨트롤하는 사람이어사 많은 사람들이 편안해하고 신뢰감을 주기 때문이다. 따라서 감성이 높을수록 자신감이 높고, 겸손해지며, 남들로부터 신뢰감을 받고 성실하며, 변화에 민감하고, 성취욕구가 강하며, 성실하며, 변화에 대한 개방성이 높으며, 낙관적이며, 조직에 헌신하며, 남들로부터 호감을 받으며, 지도력을 얻어 결국은 사회적으로 성공률이 높아진다고 할 수 있다.

그러나 명심해야 할 것은 감성적 지능이나 이성적 지능이 서로 별개의 지능인 것처럼 생각하지는 말아야 한다. 감성 교육만을 중시하는 생각은 이성적 지능교육만을 강조하는 것만큼이나 잘못된 생각이라고 볼 수 있다. 인간은 감성과 이성이 조화롭게 어우러질 때 보다 인간다운 인간으로 성장 할 수 있기 때문이다.

아이들이 처음으로 접하는 사회는 가정이다. 그리고 가장 많은 시간을 함께 하는 사람은 아이의 엄마다. 따라서 아이들의 감성이 유지되길 바라고 발전되기를 바란다면 그들과 가장 많이 상호작용하는 사람들의 행동과 말이 가장 큰 영향을 끼칠 것임으로 주의해야 한다. 특히 대화는 다른 사람의 감성과 자신의 감성이 같이 소통하는 것임으로 매우 중요하다. 아이를 키우는 일은 행복한 일이지만 또한 무척 많은 인내와 희생을 필요로 하는 어려운 일이다. 더구나 엄마가 아이의 모든 문제를 해결

해주지는 못한다. 공부를 못하든, 불법 약물에 손을 대든, 범법자가 되든, 아니면 다른 식으로 말썽을 부리든 아이의 엄마는 자식들이 삐뚤어진 이유가 엄마인 자신의 노력이 부족한 탓이라고 생각하고 있다. 그러나 엄마가 아이들의 성공이나 실패가 자신에게 전적으로 또는 대체로 책임이 있다고 생각하는 것은 자기도취적인 착각에 지나지 않는다. 아이들을 사랑과 안정으로 보살피고 키우는 의무를 다한 엄마라면 아이들이 노력한 결과에 대한 책임을 지지 않아도 된다. 아이들이 성공을 하든 하지 못하든 간에 그것은 그들 스스로 세상을 살아가는 방식을 결정한 결과이기 때문이다. 엄마는 자신이 중요하다고 생각하는 가치와 행동을 가르치려 하지만, 결국 그것을 선택하느냐 하지 않느냐는 아이들의 몫인 것이다. 엄마로서 성공하기 위해서는 무엇보다 자신이 옳다거나 모든 답을 알고 있다는 생각부터 버려야 한다. 중요한 것은 아이들이 엄마에게서 사랑과 존중을 받고 있다고 항상 느끼도록 해주는 것이다

그렇기에 엄마와 아이간에 사랑과 신뢰를 바탕으로 대화의 길을 놓치지 않는 것이 중요하다. 대화는 모든 문제해결의 가장 쉬운 방법이자 가장 최선의 방법이기 때문이다.

따라서 감성을 길러주는 방법을 구체적으로 어른과 아이의 대화법에서 찾아보고자 한다.

1. 긍정적 대화를 하라.

감성을 길러주는 대화를 하려면 아이의 감성이 우선 드러나게 해야 한다. 하지만 아이들과의 대화에서 어려움을 겪는 가장 커다란 이유는 아이가 엄마에게 감정을 숨기기 때문이다. 왜 아이들은 엄마에게 자신의 문제에 대해 이야기하기를 꺼려할까?

지난 20년 동안의 심리학자들의 연구결과 밝혀 낸 사실은 아이가 엄마에게 입을 다무는 것은 엄마가 무의식 중에 습관적으로 내뱉은 말들이 아이들에게 정서적이고 성격적인 측면에 매우 나쁜 영향을 미쳤기 때문이라는 것이다. 아이들에게 나쁜 영향을 미치는 엄마의 습관적인 말투는 아이들에게 지시하고 강요하거나 명령하는 말투였다.

"당장 그만둬!" "입 닥쳐!" 같은 지시, 명령의 말투. "그러면 혼날 줄 알아" "제 시간에 안 오면 알아서 해!" 같은 불안한 아이를 더 막다른 골목으로 몰아가는 경고, 위협의 말투, "넌 바르게 행동해야 한다." 같은 수천 번을 말해도 아이를 결코 변화시킬 수 없는 윤리, 설교 같은 말투.

"도대체 넌 누굴 닮아서 이러는 거니?" "널 믿었던 내가 잘못이다." 같은 교육적으로도 정서적으로도 전혀 아무런 도움이 되지 않는 비난, 질책의 말투.

"울보", "얼간이" "멍청이" 같은 조소, 비웃음의 말투.

"네가 뭐라고 해도 난 네가 속이고 있다는 걸 알아." 같은 추측, 해석의 말투.

"왜 이랬어? 이야기를 해보라니까" 같은 집요하게 물어보기의 말투 등 이러한 말들을 습관적으로 듣고 자란 아이는 엄마가 자신의 문제에 관심이 없다고 생각하고, 자신이 무력한 불행에 빠져 있다고 느끼게 된다. 그래서 자신을 경멸하게 된다. 그때 아이들은 엄마에게 말대답을 하고, 반항하고, 투덜대고, 화를 내고, 고집을 부린다. 그리고 엄마를 향해 입을 닫는다.

                                             - (율리아 기펜레이테르, 2006) -

이처럼 아이들은 엄마들의 말투나 화법에서 마음의 상처를 받는 경우가 많다. 대표적인 것이 '비교화법'으로서 다른 대상을 내 아이와 비교했을 때 흔히 생기곤 한다. 세상에서 제일 가깝다고 느끼는 엄마들에게 비교의 대상이 되고 있다는 사실은 아이들에게 섭섭한 마음을 안겨준다.

또한 '넌 왜 그 모양이니?', '그럴 줄 알았어'와 같은 '단정화법'은 아이의 불안한 마음에 쐐기를 박고 자신을 더욱 작게 만들고 좌절하게 하는 원인이 된다. 부정적인 화법은 아이의 정서에 악영향을 끼칠 뿐만 아니라 감성을 억제하는 요인이 된다.

따라서 아이에게 부정적이고, 단정적인 언어를 사용하기 보단 긍정적인 언어를 많이 사용하며 대화하는 것이 중요하다. 아이들은 엄마의 긍정적인 대화를 통해서 "아! 우리 엄마가 나를 인정해주고 있구나!"라는 생각에 보모에게 자신을 표현하려는 노력을 하게 된다.

엄마가 아이와 감성적인 대화를 원한다면 좀 더 아이의 입장에서 생각해 주거나 조금만 완곡하게 돌려 말하면 아이들과 좀 더 깊이 있는 대화의 장을 만들 수 있다.

2. 대화에 참여하라.

　　엄마와 대화를 피하는 아이들은 엄마의 부정적인 대화에 영향을 받은 바가 크다. 따라서 아이들의 마음의 문을 열려면 일정한 시간을 두고 기다려야지, 대화를 억지로 요구해서는 아이들이 주눅이 들어서 더욱 대화가 어려워진다.

　　그렇다면 말을 하지 않는 아이에게는 어떠한 식으로 접근해야 할까? 먼저 아이의 눈을 쳐다보며 엄마의 걱정되는 마음을 전한다.

　　"우리 ○○가 요즘 표정이 시무룩하니까 엄마는 무슨 일이 있나 궁금하기도 하고 걱정되기도 하네."라는 식의 대화로 시작하는 것이 필요하다. 하지만 아이가 대답을 안 할 경우 답답하다고 해서 아이를 비난하거나 답을 요구해서는 안 된다.

　　예를 들어, "너 계속 엄마한테 말 안 할 거니? 말 안 할 거면 인상이라도 쓰지 말던가. 하루 종일 불만 있는 표정으로 하고 있으면 엄마 속이 편하겠어? 왜 너는 네 생각만 하니?" 하며 비난의 말을 하거나 "말하기 싫으면 관둬"하며 냉정하게 말하는 것은 좋지 않다.

아이가 말하고 싶지 않아하는 마음을 존중하되 "마음이 바뀌면 언제든지 엄마에게 말해. 엄마는 언제나 수영이의 말을 들어줄 준비가 되어 있으니까. 엄마의 도움이 필요하면 언제나 말하렴. 엄마는 기다릴게." 하고 물러서 주는 것이 필요하다.

이러한 기다림은 아이에게 엄마의 마음을 느끼고 자신의 감정을 정리할 수 있는 여유를 줄 수 있다. 그리고 아이가 얘기할 경우에는 적절한 추임새를 섞어가며 대화를 들어주는 것이 필요하다.

예를 들어 " 아~그랬구나." " 그런 일이 있었구나" "응, 그래" 또는 고개를 끄덕끄덕해주는 것도 좋다.

아이는 이러한 반응을 통해 엄마의 관심과 사랑을 느끼고 대화를 들어주고 있다는 안도감을 느낀다. 그리고 얘기가 끝났을 시에는 아이에게 마음을 열어준 것에 대한 고마움을 표현해야 한다. "○○에게 그런 일이 있었던 줄 엄마는 몰랐었네. ○○야, 고마워. 엄마한테 솔직하게 얘기해 줘서 엄마는 너무 기쁘구나."

혹여나 아이의 고민이 생각지 못하게 크거나 할지라도 불안해하거나 화를 내어서는 안 된다. 엄마가 감정적으로 동요할 경우 아이는 다시 마음의 문을 닫기 때문이다. 대화를 하지 않으려는 아이에게 대화를 시도하는 경우는 아이에게 여유를 두고 기다려야 하며 그 마음이 다시 닫히지 않도록 주의해야 한다.

3. 눈높이에 맞추어 대화하라.

유아기의 특성 중에 하나는 물활론이다. 피아제가 말하길 초기 아동기 때(2~7세)는 모든 물체가 살아 있다고 생각하는 물활론의 시기가 있다고 한다. 물활론은 아이가 자기중심적으로 생각하고 그에 따라 자기가 생각하는 대로 행동하고 전 세계가 자기 감정과 욕망을 함께 공유한다고 생각하는 것이다. 예컨대 해와 달은 그가 걸어갈 때 따라 온다고 생각하고 높은 산은 키가 큰 사람이 올라가기 위해 크고, 작은 산은 키가 작은 어린이를 위해 작다고 생각하는 일이 유아에게는 가능하다.

따라서 유아기의 아이가 자기 중심적 사고를 하는 것은 당연한 것이다. 따라서 아이의 이러한 대화에 엄마가 찬물을 끼얹는다면 아이는 대화가 통하지 않는다고 생각할 뿐만 아니라 자신의 생각이 틀렸다는 마음이 들어 말을 하는데 자신감을 잃게 된다.

〈잘못된 대화〉

아이 : "엄마, 달이 자꾸 따라와."

엄마 : "바보야, 달이 하늘에 그냥 떠 있는 건데. 네가 잘못 생각 한
거야!"

➜ 아이들이 지니고 있는 순수한 감성을 짓밟는 결과를 가져와 아이들
은 대화를 피하게 된다. 결국 너무 어른 중심으로 말했기 때문이다.

〈지혜로운 대화〉

아이 : "엄마, 달이 자꾸 따라와."

엄마 : "그래? 우리 아들한테 달이 따라오면 그건 우리 아들이 너무
잘생겨서 그런 거야!"

➜ 아이의 감성을 읽어주는 대화를 하게 되면 아이의 눈높이에서 아이
의 순수한 감성을 유지해주는 것이 될 수 있다. 아이는 이러한 엄마의
대답에 힘을 얻게 되고 더 많은 감성적인 말들을 해서 칭찬을 받으려
고 하게 된다.

유아기의 특성이 물활론적 사고를 하고 있기 때문에 이런 대화는 당
연한 것이라고 생각해야 한다. 아이의 미발달된 사고하는 부분을 일부
러 지적하기 보다는 아이의 순수한 감성을 존중해주는 융통성이 필요
하다. 아이의 잘못된 부분을 너무 고쳐주려 하면 아이는 또 혼날까봐
자신의 순수한 감정을 잘 들어내려 하지 않게 된다. 따라서 아이의 순

수한 감성을 어느 정도 이해해주면서 아이의 잘못된 행동만 수정하는 대화를 하는 것이 필요하다.

4. 다양한 주제로 대화하라.

아이들의 대화에는 주제가 한정되어 있다. 따라서 그 아이들이 생각하고 느낄 수 있는 범위도 한정되어 있다는 것이다. 우리는 아이들이 좀 더 많은 범위의 주제들을 가지고 느끼고 생각하는 시간이 필요하다고 생각한다. 대화하는 사람들이 항상 반복적인 아이와의 대화를 다양하게 바꾸어주어야 한다. 먼저 어른들이 그 주제를 변환시켜주는 역할을 하는 것이 필요하다. 서로의 입장을 생각할 만한 마음의 여유가 생겨 대화가 가능하게 되었다면, 이제 아이와 이야기할 주제를 정하는 것이 좋다. 주제가 정해지지 않으면 이야기는 그저 잡담으로 흐르고 만다. 휴대폰 사용이나 학원 선정, 혹은 컴퓨터 사용 시간 등 이야기하고 싶은 주제를 자녀에게 명확하게 이야기하자. 이때 엄마가 내린 결정을 통보하듯이 이야기하는 것은 금물이다. '시험기간에는 휴대폰을 엄마에게 맡겨라'라는 식이 아니라 '휴대폰이 공부에 방해가 되는 것 같은데 시험기간에는 휴대폰 사용에 대해 다른 대책을 마련해 보는 게 어떨까?'하는 식으로 대화를 시작한다. 이와 같이 여러 가지 주제를 던져주면서 그에 따른 아이의 감정을 이끌어 내야 좋은 대화법이 된다. 단 주의해야 할 점은 아이가 그 주제에 관심이 없는데 그 주제를 계속 강요해서는 안 된다. 그 주제에 관심이 없는 것도 그 아이의 감정이기 때문이다.

〈잘못된 대화〉

◎ "오늘은 우주에 대해서 말해볼까? 내일은 곤충들에 대해서 말해보자."

자칫하면 아이가 공부한다는 느낌이 들 수 있기 때문에 이런 대화는 피해야 한다. 이러하면 아이는 감성보다는 이성을 사용하는 대화법을 하고 공부하는 압박감 때문에 자신의 감정을 잘 드러내지 않을 수도 있다. 그리고 대화하는 아이가 같이 대화하는 사람이 아닌 자신을 가르치려는 사람으로 생각하기 때문에 더 감정을 안 드러내려 할 수 있기에 피하는 것이 좋다. 그리고 이러한 다양한 주제의 대화법의 밑바탕은 많은 경험이다. 아이가 자신의 눈으로 직접 보고 듣고 느끼고 난후 대화하는 것이 가장 효과적인 대화법이 된다. 간접 경험도 중요하지만 직접 경험을 하면 아이의 대화의 주제가 넓어지고 그만큼 아이와의 감성의 대화법이 부드럽게 이어 질 수 있기 때문이다.

〈지혜로운 대화〉

◎ 오늘 엄마가 오는 길에 벚꽃을 봤어. 벚꽃 본적 있니? 우리

　지나가다가 볼까?"

　"어때? 어떤 느낌이 나니?"

◎ "와~ 이 책 신기하다. 우주 사진이 있는 책이네, 우리 이거

　같이 볼까? 어때?"

5. 고정관념을 없애라.

    고정관념이란 본의가 아님에도 마음이 어떤 대상에 쏠려 끊임없이 의식을 지배하며, 모든 행동에까지 영향을 끼치는 것과 같은 관념이다. 어른들에게는 본의 아니게 굳어진 고정관념이 많다. 반면에 아이들은 아직 고정관념을 갖지 않고 있다.

    엄마의 고정관념들은 아이들과 대화할 때 나쁜 영향을 미칠 수도 있기 때문에 조심해야 한다. 특히 주의해야 할 것은 성역할에 대한 지나친 고정관념이다. 우리 아이들의 감성을 제어하는 것들 중에 성역할 고정관념은 큰 장애물로 작용한다. 여자 어린이는 항상 부드럽고, 유순하며, 조용해야 한다는 등의 고정관념은 그 아이로 하여금 다양하고 넓은 사고관념을 억제 시킨다. 또한 남자어린이들도 마찬가지이다. 성역할 고정관념은 우리 사회의 뿌리깊이 박힌 사고들이기에 피하기 힘들다. 따라서 아이와 대화하는 어른들이 그 아이들에게 심어주지 않도록 대화하는 것이 필요하다. 엄마의 고정관념이 대화를 통해 아이들에게 영향을 끼침을 볼 수 있다. 남자는 부엌에 들어가지 말아야 한다는 생각은 아이에게 가정일을 돌보지 말라는 말로 들릴 수 있기 때문에 아이는 잘못된 생각뿐만 아니라 잘못된 감성을 갖게 될지 모른다. 나아가 아이의 감성의 폭은 줄어들게 되며, 이러한 잘못된 고정관념은 아이의 정서 발달에 장애를 줄수 있다. 따라서 아이의 감성을 길러주려면 아이에게 고정관념을 주는 것보다는 아이에게 자유로운 감정을 얻고 나타낼 수 있도록 해야 한다.

〈잘못된 대화〉

엄마 : "너는 남자애가 무슨 소꿉 놀이를 하니?"

아이 : "어때서요? 재미있는 걸요. 부엌도 신기해요."

엄마 : "남자애가 부엌에 들어가면 고추가 떨어진다는 소리도 못 들어 봤니?"

〈지혜로운 대화〉

엄마 : "우리 아들 소꿉놀이가 재미있나 보구나."

아이 : "엄마, 너무 재미있어요. 부엌도 정말 신기해요"

엄마 : "맞아. 엄마는 부엌이 요술 공간 같더라."

아이 : "왜요?"

엄마 : "뚝딱 하면 맛있는 요리가 만들어지잖아."

아이 : "하하하, 맞아요."

엄마 : "우리 아들, 엄마 배고픈데 간식 좀 만들어 줄래."

5. 꿈을 키워라.

모든 엄마는 아이와 대화한다. 그러나 정작 우리는 아이와 어떻게 어떤 대화를 나눠야 하는지에 대해 구체적으로 아는 것이 거의 하나도 없다. 언제나 어른들의 방식으로 아이들과 대화를 나누려고 한다. 기펜 레이테르 박사는 아이와 대화를 나눌 때는 어른의 언어가 아니라 아이의 언어로 이야기해야 한다고 충고한다. 물론 아이의 언어로 이야기를 한다는 것이 말처럼 쉬운 일이 아니다. 아이의 언어를 배우는 것은 외국어 하나를 새롭게 배우는 것처럼 신기하고도 고된 일이다. 하지만 우리가 꼭 해야 하는 일이다. 내가 사랑하는 아이, 우리 사회에서 살아갈 아이, 이 아이들에게 대화법을 통해 변화시키는 것은 고되지만 중요한 일이다.

아이는 엄마와의 대화를 통해 세상사는 방법을 배운다. 아이는 엄마와의 대화를 통해 자신의 목표를 결정하고 자신이 살아가야 할 미래를 개척한다. 엄마는 아이에게 가장 가까운 사람이며, 선생이고, 교과서이며, 거울이고, 자연이며, 세상의 전부다. 그러므로 아이와의 대화는 아이의 꿈을 키우는데 매우 중요하다. 매우 중요하기 때문에 그것은 때로 매우 위험한 일이 될 수도 있다. 좋은 대화는 꿈이 큰 아이를 만들지만 나쁜 대화는 파괴적이고, 반항적이며, 자기 자신과 세상에 대해 신뢰와 사랑을 잃어버린 불우한 아이를 만든다.

아이들에게는 수많은 꿈이 있고 그 수많은 꿈들 중 엄마와의 대화를 통해 한 가지 꿈을 선택하게 될 것이다. 또한 아이들은 엄마와의 대화를 통해 미래를 어떻게 살아가야 할지 계획을 세우게 된다. 그러나 아이들은 선택의 과정에서 많은 갈등을 겪게 될 것이다. 이 때 아이의 훌륭한 코치인 엄마는 대화로서 아이에게 바른 꿈을 세우게 하거나, 꿈이 꺾이지 않도록 도움을 주어야 한다.

누구나 자신이 하고 싶은 일이 있다면 의욕이 생기고 잘하고 싶어서 노력을 하게 된다. 바로 그것이 꿈이란 존재의 이유다. 그 뿐 아니라 꿈이 있으면 어떤 어려움이 닥쳐도 낙심하고 좌절하지 않고 앞을 향해 끊임없이 도전하는 힘을 갖게 된다.

실제로 역사 속에서 에디슨이나 처칠, 빌 게이츠와 같은 위인이나 성공한 많은 사람들을 보면 그들은 스스로 성공한 것이 아니다. 그들의 성공은 어렸을 때부터 엄마와의 대화를 통하여 정확한 목표를 세우고, 엄마와 함께 오랫동안 노력하고 공들인 대가이다.

아기는 출생 후 배가 고프면 엄마 젖을 빨기 위해 운다. 이 때 엄마가 젖을 줌으로 인해서 세상을 살아가는 영양분을 제공하듯, 엄마는 아이가 무엇을 배고파하는지, 무엇이 되고 싶은지를 알아서 그들이 꿈을 세울 수 있도록 도와주어야 하며, 그들이 지치지 않고 도전할 수 있도록 힘이 되어주어야 한다.

엄마의 말 한마디가 **우리아이 미래를 결정한다**

Part 9 자신감을
키워주세요.

프로이드는 인간의 정신은 마치 빙산처럼 의식은 10%도 안되고 잠재의식은 90% 이상을 차지함에도 불구하고 의식이 정신의 전부인 것처럼 취급하고 있다고 말했다. 의식은 주로 생각하고 판단하고 명령을 내리는 기능을 가지고 있는 데 반하여, 잠재의식은 신체의 조직이나 기관 등을 관장하는 자율신경을 담당하는 외에도 정보를 기억, 저장하는 기능, 직감이나 감정, 확신과 영감, 암시와 추리, 상상과 조직력 등의 기능을 제공한다. 잠재의식의 사전적 의미로는 의식이 접근할 수 없는 정신의 영역, 또는 우리들에게 자각되지 않은 채 활동하고 있는 정신세계를 말한다. 그런데 주목할 것은 프로이드가 잠재의식을 빙산과 비유한 것처럼 잠재의식의 위력은 거의 무한대이기 때문에, 많이 활용할수록 능력도 증가가 되고, 새로운 능력을 개발해 나갈 수 있다는 것이다.

요즘 의식의 판단하고 명령 내리는 기능과, 잠재된 힘의 근원으로서의 잠재의식의 기능을 강화하는 연구가 한창 진행 중에 있다. 최면의 암시기법으로 시력이 좋아졌다는 의학 논문과 키가 커졌다는 연구 결과도 권위 있는 의학 학술지에 기재되기도 한다. 어렵게 학술논문을 뒤적일 것도 없이, 정신을 집중해서 초인적인 능력을 발휘했다는 사실은 주위에서도 흔히 찾아 볼 수 있는 사례다.

한 때 두 얼굴의 사나이라는 외화가 인기리에 방영된 적이 있다. 두 얼굴의 사나이는 평범한 인간일 때는 의식이 지배하지만, 위급한 상황이 되면 잠재의식이 나타나 괴력의 사나이로 변신하는 것이다. 꼭 두 얼굴의 사나이가 아니더라도 평상시에는 불가능한 일이지만 위급한 상황에서는 기적같은 힘이 솟아나 일을 쉽게 해결하거나 놀라운 능력을 발휘하게 되는 경우가 있다. 반대로 사형수에게 금방 죽는다는 것을 암시하면 결국 잠재의식이 사형수를 죽이게 된다는 것이다. 이처럼 잠재의식은 사용하는 곳에 따라 사람의 능력을 배가하기도 하고 죽게 하는 놀라운 힘을 가지고 있다.

따라서 10%의 의식만을 가지고 사는 속에서 90%의 잠재의식을 깨워내 목표를 실현하는데 사용한다면 성공지수는 점차 높아질 것이다. 또한 굳이 의식적인 마음의 힘을 빌리지 않고도 얼마든지 육체의 건강과 행복한 삶을 살아 갈 수 있다. 잠재능력은 마치 황무지와 같아서 개간을 하지 않으면 영원히 황무지가 되나 개발하면 기름진 옥토로 바뀌어 원하는 결실을 얻을 수 있다. 잠재능력은 무한대이기 때문에 이를 우리인생의 모든 방면에 활용 한다면 우리는 평범한 사람들보다 월등하게 능력있는 삶을 살 수 있을 것이다. 나아가 잠재의식을 의식의 지배아래 두고 마음대로 통제할 수 있는 습관을 길러 나간다면 초월적인 존재로 살 수 있을 것이다.

이처럼 사람의 잠재의식을 높이는 방법이 바로 자신감을 높이는 것이라 할 수 있다. 자신감은 어떤 일을 해낼 수 있다거나 어떤 일이 꼭 그렇게 되리라는 것을 강하게 믿는 것을 말한다. 자신감이야 말로 내가 무엇이든 할 수 있다는 생각으로 자신의 집중력을 높여 자신에게 감추어져 있던 잠재능력을 끌어내는 데 가장 효과적이라고 할 수 있다.

따라서 아이의 자신감을 높이는 것은 감추어진 잠재능력을 높여 스스로 성공하게 하는 힘을 갖게 해주는 것이다. 아이의 자신감을 높이는 방법은 어려운 것이 아니다. 엄마와 자녀간의 일상적인 대화에서도 자신감을 갖게 해줄 수 있는 대화 방법은 매우 많다.

아이들은 엄마나 아빠가 자기를 사랑한다는 것을 표현해 주지 않으면 불안해 한다. 사랑 받는다는 심리적 안정감이 아이들을 자신 있게 하며 신뢰감을 쌓는 기초가 될 수 있으며 사랑 표현을 꼭 말로만 할 필요는 없다. 입으로, 눈으로, 온몸으로 사랑을 표현하거나 엄마의 심장소리를 들려주거나 머리나 볼을 쓰다듬어 줄 때 아이는 엄마의 사랑을 느낄 수 있다.

엄마는 아이와 여러 가지 다양한 대화기술를 통해서 아이가 대단한 존재라는 인식과 하면 된다는 확신과 믿음의 대화로 유도하면 아이들은 불가능이 없다는 생각을 가지게 된다.

1. 넌 정말 멋있는 내 아이란다.

아이들은 성인과 비교해 볼 때 호기심과 자기 과시욕이 강하기 때문에 연령이 유사한 동료집단의 생활 속에서 자기를 과시하는 것이 습관화되기 쉽다. "우리 집에 대따 큰 TV있는데 너네 있어?", "나 이번에 홍콩 갔다 왔다.", "어제 우리 식구들 호텔가서 맛있는 거 먹었다." 등으로 자신을 과시한다. 그래서 과시욕이 강한 아이들은 학교에서 다른 동료들에게 미움을 받거나 따돌림을 많이 받는다는 연구결과가 있다.

이런 아이들은 집에서도 엄마에게 "아는 척"과 "잘난 척"을 심하게 한다. 자기가 어떤 일을 하고도 "나 잘했지?" 라고 확인해야 직성이 풀린다. 결국 엄마에게 관심을 받고 싶고 잘했다는 말을 듣고 싶은 마음에서 하는 말이다. 이럴 때는 무조건적으로 아이들에게 '겸손함'이라는 추상적인 가치를 가르치기 위해 "너 그러면 안돼", "그런 말은 하지 않는게 좋아" 하면서 아이의 잘난 척을 억눌렀다가는 아이가 정말 가져야 할 덕목인 자신감을 잃을 수도 있다는 것을 알아야 한다. 따라서 아이들이 하는 "아는 척"과 "잘난 척"을 무조건적으로 배척하기 보다는 정확한 진단을 통해서 아이들이 왜 그런 말을 할까를 생각해서 정말 너무 모르고 "아는 척"과 "잘난 척"을 심하게 한다면 "아이들이 그러면 싫어하니까 자랑은 요만큼만 해야 하는 거야", "그건 정말 잘한 것이지만 남들에게는 이렇게 말해주는 것이 좋아"라며 대화하는 방법을 알려주는 것이 좋다.

그러나 엄마에게 인정받고 싶고, 반대로 자신감이 없어서 하는 "아는 척"과 "잘난 척"이라면 아이의 "공치사"를 인정해 주어야 한다. 아이들이 자신을 알아달라는 뜻에서 "아는 척"과 "잘난 척"을 했는데 엄마는 그것을 알아주지 않고 혼내거나 묵살해버리며 아이들은 엄마에게 인정받지 못한다는 생각에 남아 있던 자신감마저 상실해 버리기가 쉽다. 따라서 아이들과의 대화 속에서 "어떤 말을 해도 엄마가 나를 믿어 주는구나.", "내가 실패를 하거나 잘못을 해도 엄마가 다 이해해 주는 구나"라는 생각을 가지게 된다. 이러한 생각이 바탕이 되어 아이는 엄마에 대한 믿음감을 가지고, 엄마와의 정서적인 유대감을 가지게 된다. 그리고 이러한 생각에서 아이는 "나는 진짜 괜찮은 사람이야", "나를 믿고 의지해주는 든든한 엄마가 있다." 라는 자신감을 얻게 되어 무슨 일을 하든 매사에 자신감을 얻게 된다.

남편과 함께 7남매를 데리고 미국 시애틀로 건너가 한국 식당을 꾸려가며 뒷바라지를 하여, 정명훈, 정경화, 정명화 세 남매를 세계적인 음악가 정트리오로 길러낸 정명훈씨의 어머니 이원숙씨의 교육관이 놀랍다. 그녀는 자녀들의 잠재력이 어느 쪽에 있는가 관찰하는 과정에서도 자녀 자신의 판단과 결정을 존중하여 기다릴 줄 아는 인내심을 가지고 있었다. 소위 자녀들이 "아는 척"과 "잘난 척"을 하였지만 그것을 인정하고 격려를 통해서 자신감을 갖게 하였다.

엄마는 자녀가 나이가 어리다는 것만으로도 자신을 보는 관점이나 자녀의 판단력을 과소평가하기 쉬우나, 이원숙씨는 자녀의 결심을 기다려줄 줄 아는 어머니였다. 그리고 자녀가 결심을 하면 그 잠재력과 열정을 키우기에 가장 좋은 환경을 찾아주고자 노력하는 어머니였다. 그녀는 자녀의 장점을 충분히 찾아내고 그것을 존중하고 인정해주는 노력을 하였다. 자녀들은 그 속에서 어머니가 인정해 주는 것이기 때문에 자신이 있다고 생각해서 오늘날 세계의 음악 트리오가 된 것이다.

이원숙여사의 경우에서 알 수 있듯이 아이들의 "아는 척"과 "잘난 척"을 무시하지 않고 그 속에서 자녀의 잠재능력을 발견하고 선택할 수 있는 기회를 부여하여 성공하는 자녀로 키운 것이다. 우리는 가끔 아이들의 빛나는 잠재력을 미처 알아보지 못하고, 그저 어떤 한 방향으로 아이들을 몰아붙여 '불운아'가 되도록 하는 것은 아닌지 곰곰이 생각해볼 일이다.

〈아이에게 자주 해주면 좋은 칭찬과 격려의 대화〉

1. "넌 할 수 있어"

2. "잘했어."

3. "똑똑하기도 하지."

4. "네가 자랑스러워."

5. "엄마가 언제나 너 응원하는 거 잊지마!"

6. "넌 최선을 다하기만 하면 돼!"

7. "넌 정말 소중한 존재야."

8. "넌 그럴 자격 있어."

9. "자 힘내서 한번 해봐."

10. "잘해라."

2. 실패를 두려워하지 말라.

　아이들은 한 번의 실패로 인하여 마음을 크게 다친다. 초등학교 5학년인 ○○이는 자타가 인정하는 우등생이었고, 반장인 데다 교내외 각종 대회에서 상이란 상은 죄다 휩쓸었다. ○○이는 자타가 공인하는 "학교의 자랑"이었으며, "가정의 자랑"이었다. 그런 ○○이가 교회에서 실시하는 '지도자 양성과정'을 듣던 중 교회의 선생님으로부터 발표가 적절하지 못했다는 가벼운 지적을 들은 후 아이는 급격히 표정이 어두워졌다. 사람들의 눈치를 살피기 시작하였고, 급기야는 자기가 잘 할 수 있는 것만 하려고 하였다. 한마디로 기가 팍 죽었던 것이다. 엄마들은 아무리 달래도 소용이 없었다. 한번의 가벼운 실패가 소위 잘나가는 아이를 기가 죽은 아이로 만들어 버린 것이다. 이처럼 아이들의 가벼운 실패가 기죽은 아이를 만들고 결국에는 자신감을 상실하게 만든다는 것이다.

　앞에서도 말했지만 우리가 잘 알고 있는 토마스 에디슨도 수도 없이 많은 실패 속에서 성공을 하였다. 어릴 때부터 어머니는 에디슨의 수많은 실패와 좌절 속에서도 격려하는 것을 잊지 않았다. 토마스에디슨은 많은 수없이 많은 실패를 거듭했지만 다시일어나 도전했고 그 결과 1,000종 이상의 발명을 하였다. 에디슨은 84년 생애 동안 무려 1천93개의 발명품을 남겼으며, 기록한 아이디어 노트만 해도 3천4백 권이나 된다. 그는 60세를 넘겨서도 실험에 열중하다 자신의 연구소를 모두 불태워 바닥으로 떨어졌다. 그러나 그는 좌절하지 않았다. 그는 최악의 상황에서도 어머니가 해주었던 든든한 격려를 바탕으로 자신의 도전의지를 불살라 다시 재기하는데 성공하였다. 이처럼 엄마의 격려는 자녀가 평생 자신감 있게 사는데 힘이 된다.

예전에 막을 내린 MBC 프로그램 중에 '성공시대'라는 프로그램이 있었다. 이 프로그램에 출연하는 주인공들은 다들 우리가 알 수 있는 성공한 사람들이었다. 그러나 성공시대에 출현한 주인공이 189명이었는데 이들 모두가 자신이 성공하기까지 절망적인 실패담을 들려주었다. 결국 이들은 성공한 인생을 알리기 위해 방송에 소개됐으니 사람은 인생에서 한번 이상은 꼭 실패한다는 교훈을 알려준다. 따라서 '실패는 성공의 어머니'라는 말이 결코 틀린 것은 아니다. 실패한 이유를 제대로 분석했을 때 성공할 수 있는 확률 또한 높아지기 때문이다. 따라서 아이들에게 실패는 한번쯤 겪는 경험이며, 값진 성공일수록 실패 또한 크다는 것을 알려주어 실패가 두려워 해야 할 대상이 아니라 한번쯤 겪어야 하는 일상이라는 것을 알려주어야 한다.

실패를 두려워하거나 실패해서 좌절하고 있는 아이에게 다음과 같은 말을 해준다면 아이들은 자신감을 얻게 될 것이다.

미국의 전설적인 홈런타자 베이브 루쓰(Babe Ruth)는 전에 1,330번이나 삼진을 당했지만, 우리는 그가 날린 714개의 홈런을 기억할 뿐이다.

지금은 농구 황재가 된 '마이클 조던'은 초등학교 때부터 시작해 열두 살에 농구의 MVP로 선정되었으나 고등학교 때는 학교 대표팀에서 탈락하였다. 그러나 그는 포기하지 않고 노력하였기 때문에 현재의 마이클 조던이 된 것이다.

영국의 소설가 '존 크레'는 지금까지 564권의 책을 출판하여 남들로부터 대단한 저력가라는 평을 받았지만 그러기 전에 그는 수많은 출판사에 원고를 제출하여 753통의 거절장을 받았다. 하지만 그는 포기하지 않고 도전하였기 때문에 대단한 출전 기록을 세울 수 있었다.

또 1988년 록큰롤 명예의 전당에 오른 인기 가수 '다이애나 로스'는 9집 앨범을 낼 때까지 하나의 히트곡이 없었지만 포기하지 않고 끊임없이 도전하였기 팝의 명곡 Endless Love를 불렀다. 오늘날 오락 산업의 대부이고 디즈니랜드의 설립자인 '월트 디즈니'는 다섯 번이나 파산을 경험했지만 그는 끊임없이 도전하여 오늘날의 명성을 갖게 되었다.

〈잘못된 대화〉

◑ "뭐 하나라도 제대로 할 수 없겠니?"

◑ "안 봐도 뻔하다. 그럴 줄 알았어."

◑ "엄마가 그렇게 하지 말라고 했었지!"

◑ "그럼 그렇지. 네가 하는 게 그렇지. 일 낼 줄 알았다."

◑ "넌 생각해 낸 것이 겨우 거기까지 밖에 안 되니?"

◑ "네 생각처럼 쉽게 되지는 않을 거다."

◑ "끝내지 못할 일은 시작도 하지 말아야지."

◑ "그럴 줄 알았다. 제대로 하는 게 없구나!"

〈지혜로운 대화〉

◑ "엄마는 항상 너를 믿는단다."

◑ "네가 해내지 못했지만 노력했던 그 과정만으로도 정말 훌륭하다."

◑ "그러니까 넌 내 딸(아들)이지."

◑ "누구나 실수를 하기 마련이야."

◑ "처음이라 힘들었지만 몇 번 해보면 쉬워질 거야."

◑ "슬퍼 하지마. 엄마가 여기 있잖아."

3. 비난을 두려워하지 마라.

아이들뿐만 아니라 사람이라면 누구나 실패도 두려워하지만 비난도 두려워한다. 비난은 아이의 잘못이나 결점을 누군가 책잡아서 나쁘게 말하는 것을 말한다. 성인들은 나름대로 비난을 받으면 충격도 받지만 극복하는 방법을 알고 있다. 그러나 아이들은 심한 정신적인 충격을 받아, 긴장되고 불안하기 마련이다. 따라서 아이에게 무심코 던지는 비난은 오히려 아이의 문제 행동만 더 부추기게 되거나 자신감을 상실하게 만든다.

비난을 받아 자신감을 상실하고 있는 아이에게는 아이가 잘하는 점이나 좋아하는 점을 찾아 가족 안에서 나타날 수 있도록 만들어 주고 그에 대해 칭찬을 해주는 방법이 좋다. 그러기 위해서는 아이에게 관심을 가지고 아이가 잘하는 점이나 좋아하는 점을 알아내는 것이 중요하다. 잘 못해서 아이가 잘하지 못하거나 싫어하는 점을 아이에게 시킨다면 그것은 오히려 아이가 좌절하고 자신감을 더욱 상실하게 하는 결과를 만들게 된다. 아이들에게 새로운 자신감을 얻을 수 있는 행동을 시도를 하는 것이 처음에는 어색할 수 있지만 시간을 가지고 노력한다면 아이는 잃었던 자신감을 다시 찾게 될 것이다.

그와 함께 역사 속에서 비난을 받았지만 다음과 같이 좌절하지 않고 자신감을 가지고 도전하였기에 성공한 사람들의 일화를 들려주는 것도 좋은 방법이라 하겠다.

세계적인 영화배우 잉그리드 버그만은 1915년 스웨덴에서 출생하여 당대 만인의 연인이었으며 오스카상를 무려 세 번이나 수상한 대배우였다. 그러나 그녀에게도 슬픈 시련은 있었다. 영화배우가 되기 위해서 오디션을 보러 갔는데 심사위원이 코가 너무 크고 치아가 튀어 나왔기 때문에 배우에는 어울리지 않는다고 혹평을 하였던 것이다. 그러나 잉그리드 버그만은 좌절하지 않고 "난 내 코가 좋아요."하고 오디션장을 빠져 나왔다. 그녀는 한번의 비난이 오히려 "꼭 성공하고 말겠다"는 강한 자신감으로 바꾸어 새롭게 오디션에 도전하였다. 그리고 오래지 않아 그녀는 〈누구를 위하여 종을 울리나〉, 〈가스등〉, 〈카사블랑카〉등에 출연해 세계 영화팬들의 가슴에 지울 수 없는 감동을 남겼다. 또한 숫한 명작의 여주인공으로 등장해 헐리웃의 대스타로 성공을 거두었다.

오늘날 미국의 유명한 영화배우인 클린트 이스트우드와 버트 레이놀즈도 비난을 견디고 "나는 할 수 있다"는 자신감을 가지고 노력하여 오늘날처럼 성공할 수 있었다. 1959년에 유니버셜 영화사의 책임자는 클린트 이스트우드와 버트 레이놀즈를 동시에 해고 시켰다. 버트 레이놀즈에게는 "당신은 배우가 될 소질이 전혀 보이지 않아."라고 말했고, 클린트 이스트우드에게는 "당신은 앞니가 하나 깨졌고, 목의 울대가 너무 많이 튀어나왔어. 게다가 당신은 너무 말을 천천히 하거든."이라며 비난하였다. 그들은 마음이 매우 아팠다. 하지만 나중에 꼭 성공해서 이 비난이 아니라는 것을 증명하려 노력하였다. 결국 그들은 모두가 알다시피 버트 레이놀즈와 클린트 이스트우드는 훗날 헐리웃 영화 산업의 대스타가 되었다.

세계 최초로 전화기를 발명한 벨은 그의 통신 실험이 성공했음에도 불구하고 사람들은 그를 정신병자라고 생각하였다. 굳이 말로 전달해도 되는 것을 장난감 같은 기계를 만들어서 대화를 하려고 하였기 때문이다. 그렇지만 벨은 전화기를 발명하여 특허를 얻었다. 벨이 전화기를 발명하던 당시, 세계 최고의 전신회사이던 웨스턴유니언 사장은 벨이 음성 전화 기술 특허를 10만 달러에 팔겠다고 제안했을 때 벨의 발명품이 장난감보다 못하다고 생각해서 일언지하에 거절했다. 그러나 그는 사람들의 비난을 의식하지 않고 꼭 성공할 것이라는 강한 자신감으로 벨이라는 자신의 본명을 딴 전화기계 제조회사를 차려 그 동안 연구하기 위해서 쓴 돈의 몇 만 배나 더 많은 돈을 모을 수 있었다.

비행기를 발명한 라이트 형제는 훌륭한 싸움꾼이었다. 사람들은 인간이 하늘을 난다는 것이 불가능하다고 생각하였기 때문에 라이트 형제의 무모한 도전을 곱지 않은 시선으로 "미친 짓"이라고 비난하였다. 그러나 라이트 형제는 어떤 위협에도 굴하지 않고 진실을 수호했고, 식을 줄 모르는 열의를 갖고 경청했고 유연한 사고를 가졌다. 논리적이지 않은 비난을 무시하였다. 그러나 발전적이고 건설적인 논쟁을 통해 초기의 거친 아이디어를 다듬고 구체적으로 형상화할 수 있었다. 그래서 그들은 마침내 비행기를 만들어 하늘을 날았다.

알프레드 노벨은 자신이 만든 다이너마이트 등의 폭약으로 엄청난 돈을 벌어들인 억만장자이며 노벨상을 만든 사람이다. 원래 노벨이 다이너마이트를 만든 이유는 광산에서 굴을 팔 때 사람의 힘으로 팔수 없는 부분을 뚫을 때 쓰기 위해 다이너마이트를 개발하였다. 원래의 목적은 평화적인 이유로 만들어 진 것이다. 그러나 자신이 만든 다이너마이트가 전쟁 등에서 사람을 대량 살상하는 악마의 발명품으로 사용되자 노벨은 국제적으로 비난을 받게 되었다. 노벨은 점차 자신이 만든 폭약에 의해 희생한 사람들을 생각하게 되었다. 자신의 재산을 정리하여 노벨 재단을 만들게 했다. 그래서 그가 죽은 뒤에 노벨 재단, 노벨상 등이 만들어졌다.

이처럼 세상을 이끌어 가는 사람들의 삶은 순탄하지 않다. 나름대로 노력은 물론 있지만 주변에서 수많은 질타를 보내기도 한다. 그래서 한 TV 광고는 "남들과 다르다는 것은 약간의 시샘과 부러움의 대상이 된다."고 하였다. 남들과 다르다거나 남들보다 앞서게 되면 사회는 가만 놔두지를 않는다. 딴지를 걸거나 뒤에서 붙잡아 끌거나 심지어는 비난을 하거나 헐뜯어서 추락하는 것을 보고자 하는 사람들이 항상 존재한다는 것을 아이들에게 알려주면 좋은 교육이 될 것이다.

아이들은 가족 안에서 자신이 하나의 가족 구성원으로서 인정받고 있
다는 것을 깨닫게 되면서 자신감을 회복하게 될 것이다.

자신의 그림을 벽에 전시한다거나 손님이 왔을 때 신발을 정리하거나
차를 대접하는 것을 돕게 한 후 다음과 같이 말하라.

　◎ "역시 우리 아이는 착해",

　◎ "우리 00은 정말 대단해",

　◎ "우리 00는 부지런하기도 하지"

4. 너라면 꼭 할 수 있단다.

아이는 엄마 마음대로 움직이는 인형이 아니다. 아이들은 성장하면서 수많은 변수가 생기고 처음의 의도와는 전혀 다른 모습으로 성장하기도 한다. 엄마의 관심이 때로는 아이들에게 부담이 될 수도 있다. 성공한 사람들 뒤에는 훌륭한 엄마가 있는데 이들은 하나 같이 아이들이 하고 싶은 일을 잘 할 수 있도록 믿어주고 그 모습 그대로를 인정해주며 자기 존중감을 키워주었다고 한다. 내 아이가 잘할 수 있다는 긍정적인 생각을 가지고 어떤 일부분에 대해서 만족한 결과를 가져 왔을 때만 하는 칭찬이 아닌 끊임없이 결과에 상관없이 지속적인 격려를 통한 지지가 그만큼 중요하다는 것이다. 때로 아이들은 엄마의 이러한 마음에 못을 박기도 하지만 지속적인 엄마의 믿음은 결국 원래 상태로 돌아오게 하는 힘이 되었다는 것이다.

여기 단적인 예가 있다. "천재란 99%의 노력과 1%의 영감으로 만들어진다." 이것은 영국의 발명왕 에디슨이 노력의 의미를 강조하면서 하는 말이다. 미국의 발명가로 전구, 전신, 축음기 등 1,300여 가지의 물건을 발명한 에디슨은 오하이오 주의 밀란이라는 곳에서 태어났다.

그러한 에디슨은 어렸을 때 친구에게 하늘을 날게 해 준다며 거품이 나는 약품을 먹여 생명을 위급하게 하였으며, 거위알을 품어 부화를 시키려 한 어릴 때의 일화로 유명하다. 어려서부터 엉뚱한 일을 일삼던 에디슨은 드디어 초등학교 시절 퇴학을 당한다. 학교에 불려간 에디슨의 어머니에게 에디슨의 담임선생님은 말한다.

"어머니, 이 아이는 저능아라서 학교에서는 도저히 못 가르치겠어요. 이 아이는 어머니가 집에서 가르치는 것이 좋겠어요." 에디슨의 어머니는 하늘이 무너지는 것 같았다. 그러나 정신을 차린 에디슨의 어머니는 에디슨에게 침착하게 말했다. "에디슨아 너는 호기심이 아주 많은 아이란다. 너는 그 호기심 때문에 너는 훌륭한 발명가가 될 수 있단다. 너라면 할 수 있단다. 엄마는 너를 사랑한다. 네가 자랑스럽다." 그러면서 꼭 껴안아 주었다. 에디슨은 수많은 실패를 했을 때 어머니의 이 말을 기억하고 다시 일어나 도전하였다. 결국 어머니의 이 한 마디 말 때문에 에디슨의 일생은 변했다. 만약에 에디슨의 어머니가 "이 바보 같은 녀석아. 엄마 속을 이렇게 썩일 수가 있니. 너 같은 녀석은 꼴도 보기 싫다."고 에디슨을 혼냈다면 과연 발명왕 에디슨은 존재할 수 있었을까?

카네기의 책 「사람을 움직이다」에서는 칭찬이 아이의 꿈을 키우는데 얼마나 중요한지 다시 한 번 알 수 있게 해준다.

어떤 소년이 나폴리의 어느 공장에서 일하고 있었다. 그는 성악가를 꿈꾸었다. 그렇지만 그의 첫 번째 선생님은 그를 낙담시켰다. "너는 노래를 부를 수 없어"라고 단언했던 것이다. "바람이 불어 덧문이 삐걱거리며 내는 소리와 같구나" 선생님은 심지어 이런 말까지 했다. 하지만 그의 어머니는 그를 껴안고 칭찬했다. "넌 노래 할 수 있어. 점점 더 잘하고 있잖아." 그녀의 칭찬의 말과 격려가 그의 인생을 바꾸었다. 그는 음악을 계속했다. 그녀는 그의 음악 선생님에게 지불할 돈을 벌기 위해서 맨발로 일했다.

이 이야기의 주인공 소년은 세계 최고의 가수라 불리는 '카루소'이다. 그가 가난에 꺾이지 않고, 혹독한 훈련에 무릎 꿇지 않았던 것 모두 어머니의 긍정적인 말 덕분에 자신감을 가지게 되었기 때문이다.

에디슨이나 카루소의 예를 보아서도 알 수 있는 것처럼 자신감이 아이를 얼마나 변화 시키는지 잘 보여주는 단적인 예다. 세치도 안 되는 이 혀로 우리가 단지 엄마라는 이유로 아이들에게 쉽게 내 뱉는 수많은 언어의 씨앗들이 아이에게 어떠한 영향력을 끼치는지 생각해보면 정말 섬짓 하기 까지 한다. 따라서 성공으로 가는 대화습관도 지속적인 연습을 통해 변화 할 필요가 있다.

〈자신감 길러주는 노래 대화〉

◎ "엄마는 힘들 때 이 노래를 부르면 힘이 마구 생기는데. 우리 함께 불러볼까."

너라면 할 수 있어

후회하고 있다면 깨끗이 잊어버려
가위로 오려낸 것처럼 다 지난 일이야
후회하지 않는다면 소중하게 간직해
언젠가 웃으며 말할 수 있을 때 까지
너를 둘러싼 그 모든 이유가
견딜 수 없이 너무 힘들다 해도
너라면 할 수 있을 거야 할 수가 있어
그게 바로 너야

굴하지 않는 보석 같은 마음 있으니
어려워마 두려워마 아무것도 아니야
천천히 눈을 감고 다시 생각해 보는 거야
세상이 너를 무릎 꿇게 하여도
당당히 니 꿈을 펼쳐 보여줘
너라면 할 수 있을 거야
할 수가 있어
그게 바로 너야

굴하지 않는 보석 같은 마음 있으니
할 수 있을 거야 할 수가 있어
그게 바로 너야
굴하지 않는 보석 같은 마음 있으니
굴하지 않는 보석 같은 마음 있으니

— 강산에

5. 너를 믿고 이해하라.

엄마는 아이가 실수하거나 잘못하면 어른들의 입장에서 생각하기 때문에 아무 생각 없이 습관적으로 "너 왜 말을 안 들어 먹니?", "왜 그렇게 했느냐", "정말 짜증난다."등 아이 자존감을 무너뜨리며 꾸중하기 쉽다. 꾸중기술 역시 칭찬기술 못지않게 중요한 부분이다. 아이의 잘못된 행동에 대해서만 이야기를 해야 함에도 불구하고 의미 없는 인격적인 모욕감을 주는 경우가 너무 많다. 물론 그 잔소리와 비난은 아이가 좀 더 잘되길 바라는 마음에서 한 것이지만 듣는 아이의 눈높이에서는 그렇게 생각하지 않고 자신의 마음을 이해해주지 못하는 엄마가 야속하게만 생각된다. 아이는 자기가 생각해서 자기중심적으로 생각하거나 잘못한 것이 없다고 생각하기 때문이다. 따라서 이러한 견해 차이를 줄이거나 공감대를 형성하는 것이 중요하다는 것이다.

'쉰들러 리스트' '쥐라기 공원' 'ET' 등으로 아카데미상을 휩쓴 세계적인 영화감독 스티븐 스필버그의 어린 시절은 지금으로서는 짐작도 못할 만큼 형편없었다. 학교성적도 좋지 못했을 뿐더러 운동에도 소질이 없었다. 게다가 친구들로부터 유대인이라고 놀림을 당했기 때문에 학교에 결석하는 일도 잦았다.

열등감에 사로잡힌 아이를 이해해 준 유일한 사람은 엄마였다. 스필버그의 방에는 항상 여러 마리의 새가 정신없이 날아다녔으며, 영화 필름과 카메라들이 어지럽게 널려 있었다. 그러나 어머니는 그러한 아들을 한 번도 꾸짖은 적이 없었다. 오히려 방을 깨끗이 치우는 것이 아들의 창의력과 상상력에 방해가 된다고 생각해 일주일에 한 번씩 아들이 없는 시간에만 청소를 했다.

올해 27살이 된 우리나라의 젊은 뮤직비디오 감독 정우형이 있다. 그는 현재까지 20여 편의 뮤직비디오를 연출한 유능한 감독이다. 그러나 그가 이렇게 젊은 나이에 성공할 수 있던 데에는 바로 선생님의 이해가 있었기 때문이다.

정씨는 고등학교 1학년 때부터 사진을 처음 배우게 되면서 사진에 관한 매뉴얼, 테크닉뿐만 아니라 사람의 얼굴을 통해 흘러나오는 감정의 표현 방식을 잡아내는 능력을 키웠다. 그는 차차 비디오 ENG 카메라로 촬영하는 법을 배우고 여러 프로덕션에 들어가 일을 터득한다. 결국 그는 공부하는 친구들과 달리 일을 하느라 자주 학교를 빠지게 되고 성적도 떨어졌다. 그러나 그때의 담임선생님께서는 "네가 무슨 일을 하더라도 네 마음속에 가진 심지는 변치 말아라." 라고 말해주었다. 그 이후 정씨는 더욱 좋은 영상을 만들기 위하여 노력하였고 그 결과 유능한 감독이 된 것이다. 그의 성공비결을 들어 보면 선생님의 격려가 있었기 때문이라고 한다. 만약 그 선생님께서 "넌 정말 문제아야!", "학교 한번만 빠지면 가만 안두겠어"라며 하고 싶은 일을 말렸다면 오늘의 정씨가 되지 못했을 것이다. 결국 지금의 그가 서 있는 자리가 더욱 굳건해 진 이유에는 선생님의 따뜻한 격려가 있었기 때문이다.

〈아이가 행동을 잘못하거나 꿈을 향한 도전을 힘들어 할 경우〉

엄마가 무조건 비난할 것이 아니라 수용과 공감의 말을 한다면 아이는 자신의 행동을 수정해서 다시 도전하려는 힘을 얻게 될 것이다.

◎ "너 요즘 힘들지"

◎ "요즘 어깨가 많이 쳐져 있는데 무슨 이유라도 있니"

◎ "엄마가 무엇을 도와주면 좋을까?"

6. 포기하지 마라.

　아이들을 강하게 키운다는 것은 결국 불굴의 정신을 길러준다는 것이다. 자기가 세운 목표를 달성하기 위해서는 어떠한 상황이 와도 포기하지 말고 꾸준히 도전하도록 해야 함의 중요성을 알려주어야 한다. 따라서 아이가 어떤 것에 흥미를 느껴서 시작하려고 한다면, 기회가 있을 때마다 끈기를 갖고 꾸준히 노력을 할 수 있도록 엄마는 격려해야 한다. 아이들에게 노력을 통한 목표에 도달한다는 성취감은 결국 높은 자신감을 준다. 이렇게 쌓인 자신감은 기나긴 인생의 여정에서 어른이 되어서도 목표를 잃지 않는 자신 있는 삶을 살게 해 준다.

　고승덕 변호사에 대해서는 사람들이 어떤 직업을 가진 사람인지 의아한 사람이 많다. 그도 그럴 것이 고변호사는 어떤 때는 변호사로서, 어떤 때는 주식의 전문가로서 만나기 때문이다.

　사람들은 그를 천재라고 한다. 잘은 모르겠으나 범재는 아닌 듯하다.

서울법대 재학 중에 사법시험에서 최연소로 합격하였으며, 외무고등고시에서는 차석, 행정고등고시에서는 수석으로 합격하여 고시3관왕이 되었다.

고변호사는 시대를 정확히 읽고 무엇이 시대를 주도할 것인가 즉, 트렌드를 정확히 분석하고 통찰하였다. 그래서 그는 사회의 주류를 이루는 트렌드를 예측하고 그 분야의 전문가가 된 것이다. 그는 법조인으로 만족하지 않고 증권이 사회의 관심사로 등장할 것이라는 예측과 함께 증권에 대해 깊이 파고들어 증권업계에서도 고수로 통한다.

고변호사는 자신의 성공요인을 "포기하지 않으면 불가능이란 없다."는 말로 대변하고 있다. 불가능이 발생하는 유일한 순간은 바로 포기하는 순간이라는 것이다. 그리고 그는 "절대로 자신을 남들보다 뛰어나다고 가정하지 말아야 한다."는 충고를 전한다. 이 말의 의미는 자신이 남들보다 뛰어나도 자만하지 말고 그들과 나의 능력은 동일하다고 생각하고 남들보다 더 노력해야만 그들을 앞서갈 수 있다는 것을 의미한다.

인디언들은 비가 오지 않아 가뭄이 들면 기우제를 지낸다고 한다. 그런데 인디언들이 기우제를 지내면 꼭 비가 온다고 한다. 왜 이런 현상이 일어날까? 이 질문에 아마 당신은 '지성이면 감천이다' 란 말처럼 뭐 열심히 공을 들여 기도를 하기 때문이라 생각할 것이다. 인디언들의 풍속을 연구하는 학자들이 이를 연구했는데 어떤 특별한 초능력을 소유한 게 아니라 이들은 비가 올 때까지 기우제를 지낸다는 것이다. 말하자면 끝까지 해본다는 것이다.

결국 우리가 아이들에게 성공을 위해 줄 수 있는 것은 포기하지 않는 사람으로 만들어 주는 것이다. 인생이란 운동 경기와 비슷하다. 지다가도 이기는 것이 운동 경기이다. 운동 경기의 극적인 감동은 역전승의 기쁨이라 할 수 있다. 지고 있다고 포기하면 정말 이길 방법이 없다. 그러나 언제나 상황은 달라질 수 있다고 믿고 포기하지 않으면 역전될 수도 있다.

결국 성공한 많은 사람들은 목표를 가지고 끝까지 도전했기 때문에 성공을 이룬 것이다. 따라서 목표설정과 포기하지 않는 태도는 꿈을 실현하는 밑거름이 됨을 아이에게 알려준다면 아이들은 포기하지 않는 삶을 살게 될 것이다.

〈희망을 주는 대화〉

◑ "그렇게 하기 싫을 때가 누구나 있단다."

◑ "너는 우리 가족의 희망이야. 용기 잃지 말고 기운 내."

◑ "이전보다 그래도 훨씬 더 좋아 졌는데"

◑ "네가 해보고 싶었던 일을 했다는 것만 으로도 정말 대단한 거야"

엄마의 말 한마디가 **우리아이 미래를 결정한다**

Part 10 나의 행동을
바꿔주세요.

지금 내 자녀의 모든 언어습관과 행동습관은 엄마교육의 결과라고 해도 과언이 아니다. 잔소리를 많이 듣고 자란 아이는 자발성이 없어진다는 것을 엄마는 알면서도 아이의 못마땅한 행동을 볼 때마다 잔소리만 하게 된다. 그러나 잔소리를 하고 또 해도 바뀌지 않는 아이의 문제행동을 보면 더 화가 난다. 참다 참다 터지면 더 크게 화를 내어 아이의 마음까지 깨트리게 됨을 반복하면서 점차 엄마와 아이의 관계는 더욱 나빠지고 아이의 문제행동은 더 커져가면서 엄마와 아이 모두 분노와 미움으로 상처를 받아 마음상태가 더 나빠져 간다.

이런 경우에는 자녀가 왜 그런 행동을 했는지 마음 상태를 공감해 주기 위한 효과적인 대화 한마디도 없이 잘못된 일방적인 엄마 대화의 결과이다. 경우에 따라서는 부부싸움을 하고 나서나 개인적으로 자신의 감정조절이 되지 않을 때 평소에 대수롭지 않게 넘어갈 수 있는 자녀의 행동에 대신 화풀이라도 하듯 민감하게 반응하여 괜한 언성을 높여가며 지혜롭지 못한 행동들로 자녀들의 마음을 다치게 하는 엄마가 너무 많다. 우리가 엄마라는 이유로 실수를 하는 것은 이것만이 아니다. 엄마 자신이 변화하기 어려운 묶은 행동들에 대해 아이에게는 변화를 강요하거나 집착하고 있다는 것이다.

예를 들면 아이가 자신감이 없거나 발표력이 부족하고 내성적인 여러 가지 행동들이 나타나면 엄마의 유전적인 기질에 대한 이해는 뒤로 하고 자녀에게 지적과 훈계로 그런 행동이 변화하기만 바라고 있다는 것이다. 자기 아이들의 모든 부분에 대하여 마음에 들어 하지는 않을 것이다. 누구나 단점을 가지고 있기 때문에 나쁜 행동이나 습관이 나타나는 것은 당연하다. 진정으로 아이의 문제행동이 무엇이며 어떠한 방법으로 아이와 진솔한 커뮤니케이션을 통해 좋지 않은 행동과 습관들을 단절시킬 것인가 엄마는 끊임없이 고민하고 배워야 한다.

어린 아이들이 하는 문제 행동을 보면 다음과 같다.

- 떼를 쓴다.
- 울음으로 모든 것을 표현한다.
- 침착성이 부족하다.
- 참을성이 없이 금방 자리를 뜬다.
- 뛰며 돌아다닌다.
- 지긋이 앉아있지 못하고 금방 자리를 뜬다.
- 아무 것도 하지 않은 채 멍하니 돌아다닌다.
- 높은 곳에 올라가 뛰어내린다.
- 자주 소리를 지른다.
- 정신이 산만하며 집중력이 없다.
- 놀이방식이 패턴화 되어 있어 변화나 발전이 없다.
- 창이나 문이 조금만 열려있어도 돌아다니며 모두 닫아버린다.
- 블록이나 장난감 자동차 등을 늘어놓는다.
- 타인이나 자신에게 상처나 해가 되는 행동으로 때리고, 물고, 차고, 밀고, 성질을 부리고, 욕설을 하며, 물건을 부수거나 던지는 것과 같은 행동들이 모두 포함된다.

우리 속담중에 "세살 버릇 여든 간다."라는 말이 있다. 이 속담은 나쁜 버릇은 고치기 어려우니, 처음부터 버릇을 잘 들여야 한다는 뜻이다. 그런데 습관이나 버릇을 고치는데 왜 3세부터를 이야기 할까? 아이가 감정을 배울 수 있는 결정적 시기는 만 3세까지인데 이 시기에는 변연계(정서를 담당하는 뇌 영역)의 신경회로가 급속히 발달한다. 따라서 그 이전까지는 아이들이 아무리 지적해도 그것이 무엇인지를 잘 모른다는 것이다. 즉 아이가 만 3세가 되기 전에는 아이 뜻대로 하도록 최대한 배려를 하고, 잘못한 행동을 하더라도 못 본 척하고 눈감아 주는 게 최선이다. 이런 정서 발달의 중요한 시기에 심하게 야단을 맞거나 학대를 당한 아이들은 변연계가 손상돼 성인이 된 후에도 사회에 적응을 못한다는 연구결과가 있다. 폭력적이고 사회성이 떨어지는 문제아 대부분이 어린 시절 엄마가 소리를 지르고 때리는 행동을 많이 보여 주었다는 조사 결과도 있다.

따라서 3세 이후부터 엄마는 아이들의 습관이나 버릇을 고쳐줄 필요가 있다. 그러나 아이의 행동을 바로 잡기 위해서 잘못하게 되면 아이가 나쁜 뜻으로 한 행동이 아닌데 아이 고집을 자꾸 꺾으면 주눅이 들어서 소심하고 복종적인 아이가 되기 쉽다. 때론 떼가 더 심해지기도 한다.

3세부터 5세까지는 아이의 나쁜 버릇이나 습관을 고치는 방법은 엄마의 인내력을 바탕으로 아이들의 자존심을 다치지 않도록 대화하는 수밖에는 없다. 특히 위험하거나 잘못된 행동을 할 땐 결과를 알려주면서 왜 그런 행동을 하지 말아야 하는지 대화로 설명해주는 것이 좋다. 이시기에는 오히려 아이를 잘못 혼내면 성격이 비뚤어진 아이로 자랄 수 있다.

대화로 적절히 혼내는 것이 효과적일 때는 아이가 자기 행동의 잘잘못을 따질 줄 알게 되는 만 6, 7세경부터다. 이땐 아이에게 불이익을 주는 방식으로 벌을 주는 게 효과적이다. 벌은 손을 들게 하던지, 청소를 하게 하던지, 심부름을 시키는 것으로 줄 수 있다.

1. 원인이 무엇인지를 들어줘라.

    아이들의 문제행동이 발생하는 원인으로는 수많은 연구결과에서도
나타났듯이 낮은 자아개념, 가정에서의 아동학대, 개인적인 성격장애, 극
도의 가난, 언어폭력, 성격장애, 태아상태에서의 알콜 증후군, 성취에 대
한 의욕상실증, 애정결핍으로 인한 집착적 성격, 심리적 불안증세, 희망
의 상실, TV 폭력에 의한 피해, 엄마의 부정적인 역할모델 등이 있다.

    위에서 제시한 아이들에게 나타나는 문제 행동의 원인들은 다음과
같이 세 가지로 나눌 수 있다.

    첫째, 아이 자신에게 원인이 있는 경우이다. 아동 자신에게 신체적으
로 결함이 있다거나 정신 발달이 타 아동에 비해 뒤떨어질 때 나타나
는 행동이다. 즉, 심리학적 요인에 의해 생겨나는 것이다.

    둘째, 아이의 환경이 부적당한 경우이다. 다시 말해서 환경적인 요인
으로 문제 행동이 발생한다. 가정 내에서의 행동지도는 주로 이 문제
에 초점이 맞추어져 있다.

셋째, 엄마의 인격성과 지도상에 결함이 있을 때 생겨난다. 이 경우는 상당히 문제가 되는데 실제로 지도를 해야 하는 엄마가 문제가 있으므로 제대로 아이들의 문제를 가려내고 지도하기가 상당히 어려워진다. 그래서 엄마는 이런 문제에서 벗어나기 위해서 끊임없이 자신의 문제해결 접근방식을 평가해야 한다. 이외에도 개개인에 따라서 다양한 원인들이 존재할 수 있다.

결국 어떤 이유이든 아이들이 하는 문제 행동에는 분명히 원인이 있으며, 자신의 욕구가 채워지지 않기 때문에 그 욕구를 채우기 위한 욕구 불만을 가지고 있다는 신호이다. 그럼에도 불구하고 엄마를 비롯해서 주변 어른들이 아이의 욕구가 무엇인지 관심을 가져주기는 커녕 오히려 혼내기만 한다면 아이들은 비뚤어 질 수 밖에 없다. 따라서 아이의 잘못을 지적하기 전에 "아이가 가지고 있는 욕구는 무엇인지?", "무엇 때문에 그러는 것인지?", "어떻게 하면 해결될 수 있나?"를 대화를 통해서 풀어 간다면 오히려 쉽게 문제 행동을 줄이거나 습관을 바꾸어 갈 수 있다.

다시 말해서 아이는 주변 사람들의 관심을 받고 싶은 욕구와 따뜻한 사랑을 받고 싶은 욕구를 많이 가지고 있기 때문에 사랑 받고 싶다는 표현을 울음이나 다른 과격한 행동으로 나타낼 수 있다. 그러나 이럴 때일수록 야단치거나 체벌로서 다스리려고 하니 아이의 행동은 더욱 과격해 질 수 밖에 없다. 아이가 진정으로 원하는 것을 주지 않는 가운데 이루어 지는 엄마의 체벌은 더욱 문제를 확대시킬 뿐 아무 도움이 되지 않는다. 이처럼 아이의 문제 행동에 대하여 폭력적인 언어나 체벌을 한다면 아이는 엄마로부터 다시 폭력을 당하거나, 버림을 받을지 모른다는 불안감에서 더욱 과격한 행동을 할 수 있다.

실제로 고집을 피워서 일을 엉망으로 만들거나 막무가내로 떼를 부리는 아이에게 타일러도 보고 겁을 주기도 했지만 뜻대로 되질 않았다. 급기야 엄마는 제 감정에 못 이겨 아이의 엉덩이를 때렸다. 하지만 아이를 때리고 혼낼수록 잘못이 고쳐지기는커녕 더 심해진다는 사실만 깨닫게 됐다. 결국 엄마는 입장을 바꾸어서 자신들이 원하는 기준을 일방적으로 강요하지 않기로 마음을 바꾸고 대화를 통해서 아이의 행동을 바꾸기로 하였다. 그 결과 집안은 훨씬 조용해졌다.

즉 문제 행동이 나타나기 시작하면 아이를 무조건 혼내거나 행동을 고치기 위해서 무리하게 대하지 말고 아이를 격려하고 되도록이면 많이 보듬어주는 것이 좋다. 어떤 때는 계속 문제 행동을 하게 되면 차라리 모른 척 무관심한 것이 효과적일 때가 있다. 그러면 아이들은 엄마의 행동에 대해 이해가 안되어 자신의 행동에 대하여 생각을 하게 된다. "왜 나에게 관심이 없을까?", "어떻게 하면 나에게 관심을 가질 것인가?"를 고민하게 되고 결국 엄마가 원하는 행동으로 나타날 수 있다. 이러한 자녀 양육방법은 늘 야단쳤던 엄마들에게는 생각보다 힘이 든다. 화가 머리끝까지 오를 때 참는다는 것은 쉽지 않기 때문이다. 그리고 아이를 한두 번 안아주었다고 해서 금방 달라지지는 않는다. 지속적으로 표기하기 말고 인내로서 해 나가야만 아이가 조금씩 달라지기 때문이다.

무조건 엄마에게만 노력하라는 게 어디 있느냐고 불평하는 엄마도 있을 것이다. 하지만 평생 그러라는 건 아니다. 인생에서 중요한 아동기와 청소년기는 한때다. 이 혼란스러운 시기만 잘 지나면 되니까 그때까지만 참아달라는 것이다.

2. 애매하게 표현하기 보다는 단호하게 표현하라.

　아이들의 문제행동을 고치기 위해서는 원인을 알고 그에 따라 사랑으로 보살펴야 한다. 그러나 이러한 해결 방법은 너무 힘들다는 것을 알 수 있다. 결국은 많은 문제는 대화로 풀어야 할 때가 더 많다. 그러나 대화로 풀기 위해서도 나름대로의 원리가 있다.

　아이들의 문제 행동을 바꾸기 위하여 문제행동을 지적하려면 직접적이고 구체적으로 지적해야 한다. 아이들은 발달 단계상 구체적인 것 밖에는 잘 모른다. 구체적이라는 것은 사물을 직접 경험하거나 지각할 수 있도록 말해야 한다는 것이다. 즉 눈으로 볼 수 있거나 만질 수 있는 것을 말한다. 따라서 아이들에게 문제 행동을 직접적으로 지적하기 어렵다고 해서 간접적으로 지적하기 위하여 은유법을 쓰거나 상징물을 써서 이해시키려고 하면 오히려 아이들은 혼란스러워한다. 따라서 아이들의 행동을 지적하려면 애매하게 지적해서 깨닫게 하려는 생각을 버려야 한다.

　오히려 구체적이지 않은 모호한 표현은 설득력을 떨어뜨릴 뿐만 아니라 아이가 해야 할 행동을 결정할 때 혼란스럽기 때문에 단호한 표현을 하는 것이 좋다. 대표적인 모호한 표현과 단호한 표현에 대해 먼저 살펴보면 다음과 같은 차이를 알 수 있다.

모호한 표현	단호한 표현
"너 똑바로 해"	"집에 와서는 복습을 해야 해"
"너 문제가 많구나?"	"넌 물건을 자주 잃어 버리는 게 단점이야"
"너 어른이 말하는데 듣는 태도가 그게 뭐니?"	"너 어른이 말할 때는 바로 앉아서 들어야 하는 거야"
"너 참 지저분 하구나"	"방청소는 잘해야지?"
"말 좀 들어 먹어라"	"집에 오면 책 좀 읽어"
"너 알아서 안하면 안돼?"	"엄마가 부탁하면 심부름을 다녀와야지"
"제발 부탁인데 말 좀 들어라"	"밥 먹을때는 입을 다물고 먹어야지"
"꼭 그래야 겠어?"	"동생하고 싸우지 마라"
"너 요새 맘에 안 들어"	"늦게 일어나지 마라!"

아이가 엄마에게 "똑바로 해!"라는 말을 들었다고 가정해 보자. 아이는 무엇을 어떻게 해야 똑바로 하는 것인지에 대해 도대체 알 수가 없다. 아이가 받아들인 것은 단지 그 말을 들었을 때의 분위기와 억양과 태도에 따른 느낌뿐일 것이다. 따라서 아이는 엄마가 한말에 대해서 똑바로 이해하지를 못하기 때문에 스스로의 잘못을 깨닫지 못한 채 여전히 잘못된 행동을 하게 된다.

엄마와의 약속을 잘 지키지 않는 아이가 있다고 가정해 보자. 엄마는 그런 아이 때문에 여간 신경이 쓰이는 게 아니다. 오늘도 약속을 안 지키는 아이에게 엄마는 이렇게 말했다. "너 오늘도 약속을 안 지키면 좋지 않아" 약속을 잘 안 지키는 아이에게 "좋지 않아"라는 말은 모호하다. "좋지 않아"라는 것은 단지 좋지 않다는 생각을 말하는 건지, 혹은 약속을 안지키면 매를 맞는다는 건지, 밥을 굶긴다는 건지 헷갈리게 된다. 그러다 아이는 자기가 생각하고 싶은 대로 하게 된다.

따라서 아이가 약속을 지키지 않으면 어떻게 된다는 것을 알려서 약속을 지키지 않는 행동을 하지 못하게 하려면 분명한 표현으로 "약속을 지키지 않으면 밥을 주지않을 거야. 네가 약속을 지킬 때까지 말이야." 라고 말해야 한다. 이렇게 하면 아이도 약속을 지키지 않으면 어떻게 되는지 올바른 선택에 필요한 정보를 얻게 되고, 아이에게 무엇을 기대하고 요구하는지 확실히 알게 된다. 따라서 아이들의 잘못을 지적하여 행동을 고치게 하려면 모호한 표현보다는 단호하고 구체적인 표현을 해야 한다.

3. 부정적으로 표현하기 보다는 긍정적인 방향을 제시하라.

아이들은 자신의 행동이 엄마에게 지적을 받게 되면 자신이 엄마의 기대를 채워주지 못하고 있다거나, 아니면 스스로 부족하고, 아직 미숙하다고 느끼게 된다. 이런 감정이 지속되면 아이들은 자신감을 잃게 되거나 좌절에 빠지기 쉽다. 부정적인 메시지에 따라 아이가 받게 될 느낌은 다음과 같다.

	부정적인 메시지의 사례	아이가 받는 느낌
강요, 지시, 명령하는 말	"야! 이것 좀 치워!" "오늘 오후까지 반드시 이걸 다 해야 해!"	저항감, 적개심 유발, 친밀감 상실
경고 위협하는 말	"내 말대로 하는 게 좋을 걸. 안그러면, 너에게 별로 좋지 않을 거야!" "너, 그 따위 행동 다시 한 번 해봐!"	창피함, 당혹감, 저항감
당부, 설교, 도덕적 행동을 요구하는 말	"너도 이제 다 컸으니, 자기가 맡은 일은 스스로 해야지!"	도전, 분노, 수치심, 모욕감

충고, 설득하는 말투	"그런 일은 엄마와 의논해야 되는 거 아니야?"	수치심, 모욕감
심리분석의 말투	"네가 그럼 그렇지. 그럴 줄 알았다니까." "너 지금까지 놀고 있었지", "집에서도 형편없지"	창피함, 수치심, 사기 저하, 모욕감
평가, 비판, 우롱하는 말투	"아직 많이 배워야 겠구나", "그 정도 밖에 는 안되니?"	반항심, 자존심 손상, 자기비하, 자신감 상실
둘러대거나 관심을 전환 시키는 말투	"넌 몰라도 돼.", "그럴 일이 좀 있어."	불신감
비교하는 말투	"다른 사람은 잘하는데 넌 왜 모양이야."	수치심, 부끄러움, 시기심 유발

아이에게 주는 부정적인 대화는 아이의 기분을 상하게 할 뿐만 아니라 창피함, 수치심, 사기 저하, 모욕감, 당혹감, 심지어는 분노나 모욕감까지 느끼게 한다는 것이다. 결국 엄마의 부정적인 대화는 자신의 잘못된 행동을 바로 잡으려는 노력으로 보지 않고 인격적 공격으로 받아들인다.

또한 비난하는 말과 같은 부정적인 말이나 남들에게 상처 주는 말을 해도 무방하다는 그릇된 관념을 아이에게 심어주게 된다. 따라서 아이의 부정적인 면에만 너무 초점을 맞추어서 감정적인 표현을 해서는 안된다. 비난하는 말보다는 긍정적인 방향을 제시하여 행동의 변화를 요구해야 한다.

존 그레이의 〈화성남자와 금성여자의 아이를 현명하게 키우는 비결 (2000)〉에서 부정적인 메시지를 긍정적인 방향으로 제시하는 표현들을 알아보자.

부정적인 메시지	부정적인 지휘	긍정적인 지휘
"여동생을 때리지 마라!"	"네가 여동생을 때리지 않기를 바란다."	"네가 여동생과 사이좋게 지내기를 바란다."
"떠들지 마라!"	"네가 떠들지 않기를 바란다."	"네가 지금 조용하기를 바란다."
"빈둥거리지 말고 방을 치워라!"	"네가 빈둥거리지 말고 방을 치웠으면 한다."	"네가 바로 지금 방을 치우기를 원한다."
"그런 식으로 말하지 마라"	"네가 그런 식으로 말하지 않았으면 한다."	"네가 좀 더 남을 존중하고 바른 말을 썼으면 한다."
"지금 당장 웃옷을 입어라!"	"네가 엄마한테 대들지 않았으면 좋겠다."	"네가 엄마 말을 잘 따랐으면 한다. 웃옷을 입어라."
"엄마 말을 듣는 게 좋을 거다."	"네가 카드놀이를 그만하고 이 닦으러 가기를 원한다."	"네가 지금 바로 이 닦으러 가기를 원한다."

　　보는 바와 같이 부정적인 말은 협조가 아닌 저항을 불러일으키고, 아이의 사기를 떨어뜨려 바람직한 행동으로 이끌어 가지 못한다. 그와 반대로 긍정적이고 격려를 해주는 말은 매우 효과적이며, 아이의 기분을 좋게 만든다. 또한 아이에게 자신감과 자존감을 느끼게 하여 스스로 힘든 일과 문제를 해결하려는 마음이 들게 만든다.

4. 흥분하지 말고 차분하게 말하라.

　　아이에게 행동의 변화를 지시할 때 표현 못지않게 목소리 톤도 중요하다. 격앙된 목소리, 짜증이 섞였거나 화난 목소리로 말을 할 때 아이들은 자신의 행동이 잘못되었다고 느끼기 이전에 자신의 행동과는 관계 없이 화를 내는 것으로 오해하기 쉽기 때문이다.

　　특히 아이의 잘못된 행동을 지적하고 훈계를 해야 할 때 가장 치명적인 것은 엄마가 쉽게 흥분하거나 자신의 감정을 조절하지 못하는 경우다. 흥분 잘하는 엄마일수록 아이들은 "또 시작이네 이번에는 몇분만 참으면 될까?", "어휴 지겨워 저소리" 라며 진저리를 친다. 오히려 이러한 대화에서는 아이가 차분히 들어 주는 것이 아니라 "내가 뭘 잘못했다고 그래요?", "왜 매일 소리 지르고 그래요?", "다른 애들도 다 그런단 말예요. 왜 나만 가지고 그래요?"라고 반항하는 경우도 발생하게 된다. 특히 남들 앞에서 아이를 지적하는 것은 더 큰 반항을 가져올 수 있으므로 아이의 상황을 배려하면서 주의를 주어야 한다.

아이들의 행동이 잘못되어서 대화의 주도권을 잡고 지적하고 싶다면 절대로 흥분하지 말아야 한다. 엄마의 갑작스런 흥분은 아이에게도 적응이 되지 않아 충격을 주게 된다. 따라서 엄마는 차분하게 자신의 감정을 잘 조절하며, 이성적인 판단을 흐리지 않도록 말해야 한다. 아이를 잘 타이르려면 먼저 엄마가 차분하게 아이를 배려하는 투로 말하는 모범을 보여야 한다.

주변에서 쉽게 일어날 수 있는 일을 예로 들어보자. 종종 식당을 가면 아이들과 함께 온 엄마가 있다. 아이들은 엄마와 주변 사름을 아랑곳하지 않고 뛰어다니거나 장난을 치기 쉽다. 그러면 주변에 있는 손님들은 불쾌감을 느끼거나 엄마를 탓하게 된다. 그러면 엄마는 기겁을 하고 달려와 아이에게 "그게 무슨 짓이야? 왜 그렇게 정신 못차리는 거야?"라며 소리친다. 엄마는 아이를 엄한 눈으로 쏘아보며, "또 한번 그러면 가만 안 둘거야 알았지?", "너 집에 가서 봐!"라고 말한다.

이와 같은 상황에서 아이는 엄마가 한말의 의미를 자신이 식당을 뛰어 다닌 것이 잘못되어 화났다는 사실을 알았을 뿐이다. 스스로의 잘못을 깨닫지 못한 아이는 그 행동을 되풀이할 것이고, 엄마는 더 심하게 화를 낼 것이다.

그러나 화가 엄청 나겠지만 최대한 부드럽게 "아저씨들이 불편해 하시잖아. 그리고 엄마는 그러다 넘어지면 많이 다칠까봐 걱정이 돼. 그러니 내 옆에 가만히 앉아 있는게 좋겠어"라고 말한다면 아이는 엄마의 말을 엄마의 태도나 감정이 아니라, 아이를 걱정하고 있다는 것을 알게 되어 스스로의 잘못을 깨닫게 된다.

엄마가 자녀의 행동을 지적하는 일은 엄마나 아이 모두에게 부담되는 일이다. 엄마는 아이에게 부정적인 이야기를 해야 한다는 부담감이 있고, 아이는 엄마에게 잔소리를 듣게 되기 때문이다. 그러나 이러한 부담감 때문에 해야 할 지적을 하지 않는 것은 오히려 더 큰 문제를 가져온다. 그래서 하기는 해야 하지만 너무 자주하는 것은 좋지 않을 뿐더러 하더라도 한 번에 효과를 봐야 한다. 그러기 위해서는 지적하는 엄마의 말투에는 아이가 말을 들어야 한다는 단호하고 확고한 기대가 배어 있어야 한다. 또한 전달하는 최상의 방법은 목소리로 차분하게 말하여 아이에게 하는 말이 진심이라는 것을 보여주어야 한다.

5. 잔소리로 하지 말고 걱정하는 듯이 말하라.

아이들은 엄마가 자신의 마음을 알아주길 간절히 원하고 있다. 또한 엄마는 아이들이 알아서 해주길 바란다. 그러다 보니 아이들과 엄마는 항상 긴장과 대립을 보이기도 한다. 그러다 보니 어느 집이든 아침저녁으로 아이와 사소한 일 때문에 실랑이를 벌이는 일이 한 두 가지가 아니다.

"얘야 밥좀 빨리 먹어!", "숙제는 했니?", "일찍 좀 일어나라!", "왜 그것은 안 먹니?", "텔레비전 좀 그만 봐라!", "게임은 그만 좀 해라", "나쁜 친구 사귀지 마라", "학교 끝나면 바로 와라!" 등 해야 할 잔소리가 너무 많다. 그러나 아무리 잔소리를 해도 아이는 혼나기 싫어서라도 스스로 해야 할 텐데 아이의 행동은 바뀌지 않는다. 엄마는 그냥 내버려둘 수 없어서 큰소리 치고, 매도 들어보지만 혹시 아이에게 좋지 않은 영향이 미치지 않을까 엄마마음은 애가 탄다. 그렇다면 아이 마음은 어떨까? 아이들은 엄마의 잔소리를 너무나 싫어한다. 이 때 아이에게 필요한 건 잔소리가 아니라, 엄마의 격려와 도움이다.

엄마의 잔소리가 심해서 대화를 하지 않으려고 마음먹은 아이가 상담한 내용이다.

"깜빡 잊고 아침에 엄마한테 예기했어요. 친구를 만나러 가야 하기에 용돈 좀 달라고 하니까. 처음에는 '뭐 하러 가냐?'는 거에요. 그래서 친구를 만나러 간다고 하니까 '친구는 만나서 뭐하냐?'는 거에요. 그리고 용돈은 왜 벌써 다썼냐는 거에요. 막 잔소리하고 그 애기에 상관없는 뭐 예를 들면 "너희들 키우느라고 돈이 얼마나 많이 들어갔는 줄 알아?" 이런 식으로 얘기를 하는 거예요 정말 짜증나요. 제 친구는 엄마한테 얘기하다가 엄마가 마구 화를 내고 잔소리를 심하게 하고 잠도 못자게 해서 집에서 가출을 했대요.

잔소리가 심해지면 아이들은 엄마의 말이 옳은 줄 알면서도 새겨들으려 하지 않는다. 오히려 엄마가 잔소리를 시작하면 아이들은 입을 다물고, 귀와 마음까지 닫아버린다. 심하면 반대로 더 심하게 행동을 하든지 말대꾸까지 하게 되면 엄마의 마음은 더욱 아프게 된다.

잔소리를 하고 싶은 것은 엄마의 마음이다. 그러나 잔소리를 듣는 아이의 마음은 어떨까? 왜 마음의 문을 닫을까? 아이는 엄마가 자기를 사랑하기 때문에 그런 말을 한다는 것을 알지만, 잔소리는 아이에게는 너무 많은 무리한 요구이라는 인식을 가지기 쉽다. 몰라서 안하는 것이 아니라 재미없거나 필요성이 없다고 느끼기 때문이다. 실제로 잔소리는 자주 쓸데없이 자질구레한 말을 늘어놓음으로써 더 이상 들어야할 필요성을 느끼지 못하게 만들기도 한다. 따라서 이제부터 잔소리의 내용을 바꿔보면 어떨까? 지금까지 자녀에게 "~해라" 또는 "~하지 마라"라고 하는 명령이나 경고 투의 잔소리를 해서 더 이상의 효과가 생기지 않았다면 대폭 대화 방법을 수정해야 한다.

아이가 방청소를 안해서 지저분한 아이에게는 "청소 안하면 가만두지 않을 거야"라고 하기 보다는 "네가 방 청소를 하면 엄마는 행복할거야.", 주의가 산만하고 높은 곳에서 뛰어 내리는 아이에게 "너 가만히 안 있어?"라고 하기 보다는 "네가 높은 곳에서 뛰어 내리면 엄마가 네가 다칠까봐 너무 걱정이 된다. 그러니 엄마를 위해서 앉아 있으면 안되겠니?", 공부하지 않는 아이에게 "공부해라"라고 하기 보다는 "걱정마. 조금만 공부하면 넌 잘 될거야"처럼 격려와 지지를 해주는 잔소리라면 어떨까?

6. 길게 말하지 말고 핵심만 말하라.

아이가 엄마의 말에 주의 깊게 집중해서 들어 주는 시간은 예상 외로 짧다. 일반적으로 3분이면 엄마의 말에 대해서 아이들은 지루해 한다. 따라서 엄마는 3분 안에 서론-본론-결론을 다 이야기해야 한다. 주어진 3분 안에 자녀와의 대화를 효율적으로 하기 위해서는 대화 내용의 핵심이 무엇인지, 그것을 이해시키기 위해 어떻게 표현하는 것이 좋은지를 알아야 한다.

아이에게 이야기 할 때 대화 내용의 핵심만 이야기 하는 게 아니라 길게 뜸을 들이면서 대화를 한다면 듣는 아이가 매우 지겨워 할 것이고, 잔소리로 들리게 되어 오히려 역효과가 나기 쉽다.

엄마도 길게 말하게 되면 자기가 이야기 하는 것의 주제를 놓쳐버릴 가능성이 높다. 내가 아는 어떤 분은 딸과 아들 남매를 두었는데, 두 아이가 그렇게 자주 싸운다고 한다. 그런데 언젠가부터 엄마의 말 한마디면 투닥거리던 아이들이 저절로 싸움을 그치고 스스로 화를 푼다고 한다. 그 비결이 궁금해서 물어봤다.

「이전까지 두 아이들이 싸우면 "왜! 싸우냐?"부터 "형제끼리 싸우면 안된다."라는 일장 훈시까지 했다는 것이다. 그랬지만 아이들의 싸움은 멈추지 않았고, 큰 효과도 보지 못했다고 한다. 그래서 말하는 방법을 구구절절하고 자세하게 말한다고 해서 아이들이 반응하는 것이 아니라 핵심적으로 말하는 것이 좋다고 생각했어요. 그래서 두 아이가 싸우면 딸아이에게는 '너, 내 아들 귀하니까 다치게 하지마'라고 말하고 그리고 아들한테도 "너 내 딸 괴롭히지 마 예쁘게 키워야 하거든'이라고 말해 주죠. 그러면 두 아이 모두 웃음을 참지 못해 화를 풀고 말아요. 아이들은 내가 말하는 것이 무엇인지를 자세히 말하지 않아도 내가 무엇을 말하고자 하는 것이 무엇인지, 핵심 내용이 무엇인지를 파악한거지요.」

사람의 몸에도 급소가 있듯이 대화에도 급소가 있다. 화제의 급소를 알면 그 누구와 대화를 해도 자신 있게 할 수 있다. 즉, 이야기의 핵심에 제대로 접근하려면 결론부터 말하는 것이 좋다.

결론부터 말하게 되면 아이가 이야기의 핵심에 집중하게 되며 아이에게 자신감 있는 모습을 전달하게 된다. 아이에게 이야기할 때에도 마찬가지이다. 아이는 엄마가 이야기 하는 것을 보고 그대로 따라하는 성향이 강하다. 엄마가 화제의 핵심을 잘 이야기 하고 그것을 설명해주는 것을 자주 듣게 된다면 아이 자신도 그런 화법을 가지게 될 것이며, 따라서 자신감을 높이는데 기여할 것이다.

7. 아이에게 상처를 주지 않으면서 비판한다.

이야기를 하다 보면 아이를 비판하고 싶어질 때도 있지만 비판은 함부로 하기에는 부담스러운 대화이다. 엄마의 진심어린 비판을 통해서 아이가 변화하기 때문이다. 그러나 비판은 아이가 열등한 위치에 있으며 자신의 일을 결정하는데 능력이 없다는 의미가 포함된다. 따라서 비판을 너무 쉽게 해버리면 아이는 자신의 무능력을 거론한 것 같아서 매우 불쾌해 질 수 있다. 따라서 비판은 웬만하면 하지 않는 것이 좋다. 그러나 비판도 사람을 변하게 하는 칭찬만큼 사람을 변하게 하는 중요한 기술이므로 잘만 사용하면 좋은 효과를 볼 수 있다.

아이가 아프지 않게 비판을 하려면 갑자기 비판을 하기 보다는 비판을 하기 전에 미리 비판의 방법이나 비판의 강도를 결정해야 한다. 만약 비판을 바로 하게 되거나 상황을 고려하지 않고 하게 되면 오히려 반발하게 된다. 따라서 효과적으로 비판을 하고 싶다면 아이의 상황을 예측하여 적절한 때와 장소를 미리 예고하고 개인적으로 비판하는 것이 좋다. 예를 들어 갑자기 여러 사람 앞에서 비판하게 되면 아이가 충격을 받거나 심하게 반발할 수 있다.

비판할 것이 있으면 둘러 대기보다는 구체적으로 비판하는 것이 좋다.

예를 들어 "너는 항상 왜 그러니."라는 말보다는 "너는 엄마를 도와주기 위해 방 청소 좀 하면 안되니?."라고 구체적으로 대화해주면 아이는 비판이라고 들리기보다 격려하는 마음으로 들릴 수 있다. 그리고 비판은 진지한 태도로 하되 너무 자주하거나 길게 비판하면 잔소리같이 들려서 오히려 효과가 떨어진다. 또한 비판을 할 때는 부정적인 단어는 피하고, 야단하거나 질책하지 말고, 객관적이고, 건설적으로 표현하는 것이 좋다

Example

✗ "미쳤어." "융통성이 없어." "못된 놈." "제 멋대로야." "꽉 막혔어." "틀려먹었어."

○ "넌 다른 일은 잘하는데 청소만하면 더 멋있는 사람이 될거야."

➡ 아이가 부담 없이 비판을 받아들이게 하려면 우선 아이에 대한 엄마의 주관적인 정보보다는 객관적인 정보를 제공해야 한다. 아이는 객관적인 정보를 많이 제공할수록 자신의 잘못을 수정할 의사를 가지나 주관적인 정보를 제공할수록 반발을 하게 된다.

비판은 단순히 아이의 결함이나 잘못을 타이르는 것보다는 아이 자신이 엄마가 제공한 정보를 바탕으로 스스로 판단할 수 있도록 해야

한다. 정보의 제공은 '엄마 자신이 결정할 수 있도록 어떤 사실에 대해서' 지식을 제공해 주는 것임에 비해 비판은 아이 스스로가 의사결정을 하는데 오히려 방해가 되는 것이다.

Example

- ✗ "넌 시간관념이 없어 그러니 고쳐야지 않겠어?"
- O "성공한 사람들은 시간 약속을 잘 지켜서 그런데 너도 시간 약속을 잘 지키려는 노력을 하면 어떨까?"
- ✗ "넌 너무 성급한 것이 탈이야 바로 고칠 수 있지?"
- O "옆집 ○○ 알지. 너무 성급해서 항상 실수를 한데. 그래서 엄마가 마음이 많이 아픈가봐"

➔ 비판을 할 때는 어떤 행동에 대하여 바로 직접적인 표현을 하게 되면 아이는 자기 행동에 대하여 잘못을 인정하기 보다는 엄마가 야속하다고 생각할 수 있다. 따라서 어느 정도 시간이 지나거나 간접적인 표현을 하는 것이 좋다.

Example

- ✗ "너는 친구들에게 말을 함부로 하는 경향이 있어. 고쳐봐!"
- O "너는 친구들을 아주 편하게 하는 재주를 가지고 있어. 그런데 말을 조금 생각하면서 하면 더욱 많은 친구들이 좋아할 거 같아"

➜ 비판을 할 때는 문제 행동을 바로 말하지 말고 긍정적인 부분들을 칭찬하고 마지막에 비판을 하는 것이 좋다.

Example

✗ "이렇게 해." "이렇게 하는 것이 더 좋겠어."

○ "이런 것도 있고, 저런 것도 있는데 어떤 것이 더 좋니? 엄마가 보면 이런 것이 더 좋은 것 같아."

➜ 강요나 지시하는 말보다는 선택할 수 있는 기회를 주는 것이 좋다.

8. '예스'에 그치지 말고 행동으로 옮겨질 수 있도록 촉구하라.

　대화를 통해서 아이가 행동을 바꾸려는 마음을 결정하였을 때는 구체적인 실행 방법까지 함께 알려주어야 한다. 의외로 아이들은 마음의 결정을 하였어도 실행 방법을 모르기 때문에 뜸을 들이기 쉽다. 실행에 옮기는 데는 실행에 옮기는 구체적인 방법을 알아야 한다. 따라서 엄마는 아이가 결정한 마음을 행동으로 옮기기 위해서는 자세한 안내나 쉽게 실행하는 구체적인 방법을 알려주어 따르도록 하는 것이 좋다.

　아이들은 "머리로는 알고 있지만 실행할 수가 없어요!"

　"도저히 자신감을 가질 수 없어요. 불안합니다."

　"하고 싶은 것을 할 수 없습니다!" 행동을 바꾸고 싶은 아이들의 공통된 고민이다. 머리로는 알고 있지만, 마음속 깊은 곳에서는 "그렇게 쉽지는 않을 텐데……. 어려울 것 같은데……" 하고 생각한다. 즉 머릿속에서 알고 있는 사실과 마음속으로 알고 있는 사실 사이에 차이가 있는 것이다. 이 차이가 문제이다.

그럼 이 차이가 생기는 원인은 무엇일까? 실천력을 발휘하지 못하는 원인의 대부분은 다음 네 가지로 요약된다.

① 관심도 없고 즐겁지도 않은 일을 하고 있다.

② 실패하지 않을까 하는 걱정과 불안을 안고 있다.

③ 자신감을 가질 수 없는 상황에 직면해 있다.

④ 본래 끝까지 해낼 끈기가 없다.

①은 눈앞의 것에서 목적의식을 발견할 수 없는 상태이다. ②는 앞으로 할 일에 대한 걱정과 불안, 두려움이 강한 상태로서, ③의 자신감을 갖지 못하는 원인이 된다. 그리고 의외로 가볍게 여기기 쉬운 것이 ④의 끈기가 없다는 점이다.

이 네 가지를 해결하고 마음속 깊은 곳에서 생각하고 있는 것과 머릿속으로 이해하고 있는 것의 방향을 맞추면 실천력은 자연스럽게 생겨난다.

대화를 통해서 예스라는 확답을 얻어내는 것은 쉽지 않을 수 있다. 그러나 더욱 어려운 것은 예스라는 응답에 대하여 실제로 행동으로 옮겨질 수 있도록 해야 한다. 애써서 예스라는 응답을 받아 놓은 상태에서 실제로 행동으로 옮겨지지 않는다면 수고를 한 것에 의미가 없다. 따라서 아이들의 '예스'라는 동의를 받아내는 데 그치지 말고 실제 행동으로 옮겨질 수 있도록 촉구해야 한다.

9. 무승부로 끝내라.

엄마와 아이에게 모두 문제가 되는 상황에서 양쪽이 모두 기분 좋게 이겼다는 느낌을 갖도록 할 수 있는 방법이 무승부법이다. 문제의 원인을 찾고 가능한 해결방법을 서로 제시하며 그중에 합의된 해결방법으로 문제를 해결하는 토론식 방법이다. 아이가 갑자기 장난감을 사달라고 하여 두 사람의 갈등이 생긴다면, 자녀가 그 장난감을 원하는 이유에 귀 기울여 아이의 요구를 인정해 주고, 엄마는 사줄 수 없는 이유를 충분히 설명해 양자의 의견을 좁혀야 한다. 그런 후 구입할 시기를 미룬다든지 그보다 조금 싼 것을 고를지 등을 합의해 실행할 수 있다. 그러나 엄마가 계속 사줄 수 없다고 주장하다가 아이와 힘겨루기에 밀려 사준다면 무승부법에서 실패한 것이다.

10. '나'-전달법으로 말하라.

　　나 전달법은 자녀의 행동에 대해 엄마의 생각이나 느낌을 객관적으로 표현하는 방법이다.

　　자녀의 행동이 엄마 마음에 들지 않거나, 바람직하지 않다고 생각됐을 때, 엄마는 불편을 느끼고 엄마, 아이 간에 문제를 갖게 된다. 예를 들면 자녀가 실내에서 뛰다가 엄마의 옆구리를 쳐서 엄마가 아플 때, "조용히 앉아서 놀아!" "너 왜 이러니!" "집안에서 뛰면 안 된다고 말했잖아?" "넌 왜 이렇게 조심성이 없니?" "제발 밖에서 놀아라" 등으로 말한다면 이것은 '너 전달법' (You-message)이다. 이 경우 '나' 전달법(i-message)으로 말한다면, "아야. 엄마 옆구리가 아프구나." "엄마가 깜짝 놀랐어."등이 된다. 이러한 말들은 의미상의 주어가 나(자신)이다. 너-전달법은 부정적인 '-해라'등의 지시어의 사용이 많은데 나-전달법은 너의 행동으로 인한 나의 느낌을 '네가 잘 들어 주길 바란다'는 의미이다. 이 방법은 너(아이)에게 문제가 있다 또는 네가 틀렸다는 내용이 아니고 " '나'(엄마)에게 문제 있으니 나를 좀 도와줘"하는 표현이다. 따라서 아이는 편한 마음으로, 엄마의 말을 듣게 되고, 도움을 주고 싶은 생각이 자발적으로 생기게 되어 저항감, 반발을 줄이는 요소가 된다. 다시 말하면 나-전달법이란 자녀의 행동을 그대로 서술하고, 엄마자신의 느낌을 솔직히 말하는 것이다. "네가 – 하면 또는 –하여서 나는 –느낀다." 예를 들면 "네가 청소를 하지 않아서 나는 기분이 속상하다." 등의 진솔한 느낌 표현이 중요하다. 그리고 이러한 대화법은 부정적인 행동 뿐 만 아니라 긍정적 행동에도 쓰인다.

Part 11 나의 투정을
멈추게 해주세요.

경험이 적은 엄마일수록 아이들의 투정에 엄마는 난감할 뿐만 아니라 속수무책일 것이다. 그렇다면 우리의 사랑하는 아이들의 투정을 해소하거나 줄이는 방법은 무엇일까? 투정을 해결하기 위해서는 우선 투정이 무엇인지, 원인은 무엇인지를 알아야 한다.

투정은 아이들이 자기가 하고 싶은 것을 하지 못하거나 자기가 원하는 것에 모자라거나 못마땅하여 떼를 쓰며 조르는 행위를 말한다. 반면에 아이들이 자기 마음대로 되지 않을 경우 심하게 울거나 버둥거리는 것을 '떼'라고 한다. 투정과 떼는 미묘한 차이가 있지만 투정에 떼가 포함되므로 혼용되어 사용하고 있다.

아이들에게 투정이 발생하는 이유는 매우 다양하다. 첫째는 아이가 무엇인가를 해보려고 하는데 엄마가 못하게 하는 경우가 있고, 둘째는 아이가 필요한 것이 있는데 엄마가 알아주지 못하는 경우가 있다. 셋째는 자신의 능력보다 주위에서 더 많은 기대를 한다고 느껴질 때나 자기를 알아주지 않기 때문에 나타나는 경우가 있다. 넷째는 아이가 불안정하거나 엄마가 너무 위해 주며 키워서 행동의 원칙을 배우지 못했을 때 투정을 부린다. 다섯째는 아직 어려서 마음먹은 대로 잘 안 될 때, 힘들기는 한데 어떻게 해야 할지 모르거나 해도 잘 안 된다는 생각에 빠져 있을 때 아이는 무기력해지고 자신감을 잃을 때 투정을 부린다. 여섯째는 자기감정을 이해하고 표현하는 능력이 부족하기 때문에 자신이 힘든 원인을 잘 몰라서 투정을 부리고 짜증을 내는 경우도 있다.

아이들은 매사를 자기중심적으로 생각하기 때문에 갑자기 투정을 부리는 것은 누구나 다하는 것이며 자아발달의 과정에서 꼭 거쳐야 한다.

아이마다 차이가 있지만 보통 투정은 생후 12개월이 지난 후부터 18개월 사이에 나타나게 되며 24개월에 정점을 이루며, 이후에는 아이의 인지발달의 차이에 따라 투정을 대화로 해결하기도 한다. 통상적으로 유아기에는 자신의 요구나 독립심이 방해를 받게 되면 무척 화를 내고 '싫어' 하는 표현을 쓰면서 '반항'을 하게 된다. 자신의 의지를 관철하기 위해서 '폭력'을 행사하기도 한다. 엄마는 아이의 투정으로 인하여 무척 당황스럽고 난처하기겠지만 아이 발달의 한 과정으로 이해해 주어야 한다.

그러나 아이들의 투정을 귀찮게 생각하고 고쳐야 한다고 생각하여 무조건 강압적으로 제지하거나 엄마의 생각나는 대로 아이의 투정을 제지하려고 할 때, 또는 실랑이를 하다가 엄마가 져서 들어주게 되면 아이의 바람직하지 않은 행동을 오히려 '강화'하게 된다. 예를 들어 엄마가 소리를 지르거나 물건을 던지고 문을 소리내어 닫는 경우 아이는 이를 모방한다. 또 아이를 융통성 있게 다루지 못하고 너무 경직되거나 일관성 없이 아이를 다루는 경우다.

따라서 어렸을 때의 투정을 어떻게 해결하느냐에 따라서 아이들이 바르게 자랄 수 있지만, 투정을 잘못 해결하면 평생 욕구불만을 가진 사람으로 성장하게 된다. 따라서 아이들의 투정을 해결할 수 있는 방법은 무엇이 있는지 알아보기로 하자.

1. 아이의 마음을 어루만져 주어라.

'투정'은 아이의 자아 발전과정 중에 자연스럽게 나타난다. 우리는 앞에서 보았듯이 아이들이 투정하는 원인은 매우 다양하다는 것을 알 수 있다. 영아기에는 밤에 자다가 일어나 보채며 엄마를 찾으면 자장가를 불러 주거나 다독거려주길 원하는데 엄마가 관심이 없으면 아이는 투정을 부린다. 유아기가 되면 엄마가 해주던 모든 것을 자신이 직접 해보고 싶어 한다. 밥을 먹을 때, 옷을 입고 벗을 때, 세수를 할 때도 마찬가지로 직접 하겠다고 떼를 쓴다. 직접 시키면 제대로 하는 것은 별로 없지만 못하게 막는 것보다 스스로 해냈다는 성취감을 맛보고 싶기 때문이다.

투정은 조용한 아이보다는 에너지가 많고 활동적인 아이에게서 많이 볼 수 있다. 아이가 자신의 힘을 과시해 보려는 욕구, 주위의 관심을 끌려는 욕구의 표현이 바로 '투정'이기 때문이다.

그래서 아이는 '투정'을 부려 주위에서 관심을 더 받게 되거나, 속이 풀리고, 원하는 대로 되는 경우 계속해서 투정을 부리게 된다. 아이의 입장에서는, 엄마가 완벽주의이고 지배적일 경우 엄마에게서 벗어나서 숨을 쉬는 수단이고, 성질을 부림으로써 엄마를 조정할 수 있고, 때로는 처벌을 면할 수 있다는 것을 알기 때문이다.

이처럼 투정의 원인은 다양하지만 결국 투정은 엄마가 아이의 마음을 정확히 몰라주기 때문에 발생한다고 할 수 있다. 투정은 아이의 강한 욕구가 정상적인 경로를 통해서는 해결되지 않으므로 그들이 할 수 있는 우는 행동, 화내는 행동, 발을 구르는 행동, 물건을 집어 던지는 행동, 심지어는 머리를 벽에 박는 행동 등으로 나타난다.

아이는 누구나 투정을 한다. 다만 정도의 차이가 있지만 아이가 하는 투정은 무언가 자신의 욕구 충족을 전부 하지 못해서 생기는 것이다. 따라서 아이들의 투정을 귀찮게 생각하고 고쳐야 한다고 생각하여 무조건 강압적으로 제지하거나 엄마의 생각나는 대로 아이의 투정을 제지하려고 할 때, 또는 실랑이를 하다가 엄마가 져서 들어주게 되면 아이의 바람직하지 않은 행동을 오히려 '강화'하게 된다.

투정하는 아이가 지금 부족한 것이 무엇인지, 그것을 찾아서 욕구들이 미숙하고 유치하더라도 다정하게 격려해주면 아이의 자율감이 발달하게 된다. 아이의 투정이 위험한 행동이나 남에게 특별히 해가 되는 행동이 아니라면 아이의 행동을 받아주고 용납해주는 것도 좋다.

❖ 아이가 속상해 하거나 때를 쓰는 경우

아이의 요구를 엄마가 인정해 준다면 아이는 자신의 감정이나 요구가 인정받았다고 느끼는 순간 투정은 줄어들고 화난 감정이 누그러지게 된다.

◎ "무척 속상 했겠구나."

◎ "우리 ○○가 힘들었겠구나."

◎ "이게 무척 갖고 싶었지?"

◎ "이게 먹고 싶었지?"

2. 공손하게 부탁하는 방법을 가르친다.

아이들이 투정하는 이유 중에 하나는 자신의 욕구를 해결하는 방법을 모르기 때문인 경우도 많다. 밥을 먹고 싶은데 밥을 어떻게 달라고 해야 좋을지, 하고 싶은 것이 있는데 어떻게 해야 엄마가 해줄 것인지, 자신의 부족한 것이 있는데 어떻게 해야 배우는지를 모르기 때문에 아이들은 투정을 하게 된다. 이처럼 아이들이 자신의 욕구를 해결하는 방법을 모르기 때문에 투정을 한다고 할 때 엄마가 무작정 화를 내게 되면 아이들은 더욱 투정을 심하게 부릴 수밖에 없다.

엄마가 아이들의 투정을 귀찮다고 생각하여 아이의 의견을 무시하고 위협을 한다면 아이들은 더욱 반항하게 되고 투정이 더욱 심해진다. 심지어 아이는 울면서 생각한다. "엄마는 날 사랑하지 않아. 엄마가 나를 버리려나봐. 엄마는 분명히 새엄마일거야 안 그렇다면 어떻게 저런 말을 할 수 있을까?" 라고 생각한다.

따라서 이런 상황에서 엄마는 아이에게 하고 싶은 것이 있다면 투정하는 것보다는 공손하게 부탁하는 방법을 가르쳐야한다. 공손하게 부탁하는 것은 자신의 입장을 무조건적으로 엄마에게 종용하기 보다는 그렇게 해야 하는 이유와 함께 엄마의 입장도 반영해서 요구하라고 가르치는 것이다.

아이가 너무 뻔뻔하고 자기중심적으로 떼를 쓰면서 요구를 하게 되면 "엄마는 더 이상은 받아줄 수가 없구나. 떼를 쓰는 것보다는 말로 엄마를 설득하면 엄마가 해줄께" 또는 "네가 원하는 것을 갖기 위해 무작정 떼를 쓰는 것보다 정 원하는 것이 있다면 공손하게 부탁하는 것을 습관으로 들여라"는 말을 하여 공손하게 부탁할 때 까지 무시하여 본다.

적당한 엄마의 무시는 아이가 '항상 제멋대로 할 수는 없다'는 것을 배우도록 하게 한다. 아이가 공손하게 부탁하는 태도를 가지면 엄마는 아이의 행동의 변화에 칭찬을 해주어서 아이가 공손하게 부탁하는 태도를 익히도록 한다.

공손한 태도에 대한 칭찬을 하고, 태도에 대한 기쁨을 표현해 주면 아이들은 다음에도 자신의 욕구를 해결하는 방법을 투정으로 해야 하는 것이 아니라, 대화로 해야 한다는 것을 알게 되어 투정이 줄어들게 된다.

❖주말에 집에 있지 말고 동물원에 가자고 떼를 쓰는 경우.

🧒 : (투정하면서) "엄마, 우리 동물원가요. 동물들이 보고 싶어요."

🧑 : "안돼 ! "

🧒 : "동물원 안가면 나 울거에요. 엉엉!"

🧑 : "툭하면 울기만하고, 너 그러면 동네 밖에 버리고 올거야"

　　(아이에게 위협을 한다.)

🧒 : (울면서) "그래 나 버리고 와봐!!"

➔ 아이들에게 투정하는 대신 자신의 욕구를 공손하게 부탁하는
　　방법을 가르쳐 보자

🧒 : "엄마 저 동물원에 가고 싶어요. 같이 가 줄 수 있어요?"

🧑 : "동물원에 가자고 공손하게 부탁하다니, 정말 감동했다.
　　하지만 지금은 엄마가 해야 할 일이 있어, 동물원은 내일
　　보러가자. 내일은 꼭 같이 가자꾸나. 기다려줄 수 있지?"

3. 다른 사람 입장을 배려하도록 한다.

　투정하는 아이일수록 자기중심적 사고를 하는 경우가 많다. 떼를 쓰는 아이들은 다른 사람의 감정을 거의 고려하지 않는다. 오로지 자신의 목적만 생각하기 때문이다. 따라서 투정하는 아이는 다른 사람의 감정을 배려하기 보다는 자신의 감정을 수용하도록 강요하게 된다. 이러한 아이에게는 투정을 할 때 자신의 입장보다는 상대방의 입장을 고려하는 것을 배우게 해야 한다. 아이들은 자신의 요구가 얼마나 다른 사람들에게 부담을 주는지를 모른다. 그러므로 다른 사람에 대한 배려에 관해 배울 필요가 있고, 다른 사람의 입장이 되어 그들의 감정을 느끼고 깨닫게 해준다.

　다른 사람의 입장을 이해하기 위해서는 아이에게 역할을 바꾸어 보게 한다. 예를 들어 아이에게 자신의 욕구를 표현하게 할 때는 항상 남의 입장이 되어 보라고 권한다.

다른 사람의 입장이 되어 보게 하여, 투정부리는 아이의 나쁜 태도를 고칠 수 있다.

❖ 엄마에게 맛있는 것을 먹으러 가자고 투정하는 경우

◎ "지금부터 네가 엄마라고 생각해봐. 나는 딸이라고 상상해봐."

"내가 너에게 맛있는 것 먹으러 가자고 마구 떼를 쓰면 너는 엄마 입장에서 나에게 뭐라고 할거니?"

"기분이 어떻겠지?"

"맛있는 것을 먹으러 갈거니?"

"아니면 혼내 줄거니?"

"네가 지금까지 떼를 썼을 때 엄마의 마음은 어떻겠니?"

❖ 지금 아빠가 모처럼 쉬고 있는데 놀이터에 가서 놀자고 투정을 하고 있는 경우

◎ "지금 네가 하고 있는 투정을 버리고 아빠의 입장에서 생각해봐"

"아빠가 일주일 내내 쉬지도 못하다 모처럼 쉬고 계시는걸 알잖니. 그런데 방해하면 아빠가 좋아하시겠니?"

"그런데 아들이 너를 막 흔들어 깨우며 숙제를 도와달라고 떼쓴다면 기분이 어떻겠니? 숙제를 도와달라고 부탁드릴 더 좋은 시간이 따로 있지 않겠니?"

4. 동의를 이끌어 낸다.

계획을 세울 때에는 반드시 아이에게 결정권을 준다. 이 단계에서 엄마가 더 큰 힘을 발휘한다고 느끼면 아이는 그 계획을 지키지 못하였을 때 엄마를 탓하게 된다. 자신이 만든 것이 아니니 자신이 못하는 것은 당연하다고 변명하는 것이다. 그렇기 때문에 계획을 세울 때에는 엄마와 아이가 함께 상의하고 숙고해야 하지만 무엇보다도 아이가 스스로 결정할 수 있도록 해야 한다.

투정은 엄마의 의사와는 상관없이 아이의 일방적인 의사를 행동으로 표현하는 것이나 동의는 아이의 행동에 대하여 엄마가 인정해 주고 이해해 주는 것이다. 따라서 동의는 아이에게는 투정을 줄여주고 엄마에게는 아이를 이해할 수 있는 계기를 만들어 준다. 동의를 이끌어 내는 것도 투정부리는 아이에 대한 대화법 중 하나이다. 동의는 아이의 욕구를 표현하는 행동을 합의에 의하여 이루어진다는 것을 가르치는 것으로부터 아이들이 어른이 될 때 지니길 원하는 품성을 가르치는 것으로 바꿔주기 때문이다. 그러므로 동의를 이끌어내고 유지하는 능력은 성공적인 어른이 되기 위한 가장 결정적인 요소 중의 하나이다.

그렇다면 우리는 어떻게 아이들에게 동의를 이끌어 낼 수 있을까?

'합의하기'는 아이들과 갈등을 피하고 아이들을 우리가 원하는 대로 행동하게 하기위해 선택과 약속의 개념을 결합시키는 것이다.

❖ 놀이공원에 가자고 투정을 부리는 경우

◈잘못된 대화

◎ "ㅇㅇ아! 엄마가 내일 놀이공원에 간다고 약속했던 거 있지, 하지만 할머니가 아파서 가봐야하기 때문에 내일은 시간을 낼 수가 없어. 그래서 놀이공원 가는 건 다음 주로 미루자. 괜찮지? 당장 우는 걸 멈추지 않으면 넌 앞으로 영영 놀이공원에는 못 가게 될 거야. 알았어?"

➡ 이렇게 말한다면 아이는 엄마의 입장을 이해하지도 못할뿐더러 괜찮지도 않다. 다만 다른 행동을 하기에는 힘이 없을 뿐이다. 게다가 엄마가 약속을 깨버린 것에 대해 아이는 크게 실망하게 되고 그 감정을 우는 것으로 나타낸다면 더 화를 낼 것이고 상황은 더 나빠질 것이다.

◈지혜로운 대화

🗨 : 할머니가 아프다고 전화하셨어. 그래서 빨리 와주었으면 하셔. 하지만 이미 너와 놀이 공원 가는 계획이 있어서 고민을 많이 했

어. 왜냐하면 엄마는 약속을 했으면 그것을 지키기 위해서 최선의 노력을 다해야한다고 믿기 때문이야. 너한테 놀이공원에 갈 거라고 말했었고 네가 그 약속이 지켜지길 바란다는 사실을 알고 있기 때문이야. 그렇지?

아이 : 맞아요!

엄마 : 그러나 지금은 할머니가 아파서 가봐야 하니 어떻게 하는 것이 좋겠니?

아이 : 놀이 공원에 갔으면 좋겠어요.

엄마 : 물론 너와 약속을 꼭 지키고 싶단다. 그러나 문제는 할머니를 찾아가서 도와드리지 못하면 큰일 날 수도 있단다. 그러니 네가 이번에는 이해를 해주고 다음 주에 놀이 공원에 같이 가면 안 되겠니?

아이 : "네 싫지만 그렇게 해요."

엄마 : "고맙다. 내일 할머니에게 가서 네가 많이 걱정한다고 말해 드릴께."

➜ 합의는 대화를 통해서 서로가 지킬 수 있는 것을 정해가는 것이다. 엄마입장에서 일일이 아이들에게 설득을 하기 위해 너무 자세하게 말하는 것은 아닐까라고 생각할 수 있지만 이렇게 말함으로써 아이는 어떤 일이 벌어졌는지를 알 수 있고 엄마가 약속을 깨는 것에 대해 미안하게 생각하고 있다는 것도 알 수 있다.

5. 투정을 무시한다.

　　투정부리는 아이를 해결하기 위해서 엄마는 아이의 욕구가 무엇인지를 정확히 분석하고 그에 따라 대화를 통해 상대방의 입장을 이해시키고, 동의하게 하거나 합의를 이루어 내야 해결 할 수 있는 것이 많다. 실로 엄마의 인내가 필요한 것이 아이들의 투정을 줄이거나 없애는 것이다.

　　그러나 때로는 엄마의 깊은 노력에도 불구하고 아이들의 투정을 중지시키려고 노력할수록 결과는 더욱 나빠지는 것이 보통이다. 소위 엄마와 자녀 간에 주도권 싸움이 이루어지기도 한다. 이런 때 엄마는 더욱 좌절하게 된다.

　　아이들의 강한 투정은 사랑스럽기만 하고, 모든 것을 시키는 대로 할 줄 알았던 아이들에 대한 배신감이 느껴지기도 한다. 투정이 깊어지면 아이는 자신이 대화의 주도권을 잡기 위해 나름대로의 방식으로 싸우고, 엄마는 엄마대로 엄마의 힘을 주장하기 위해 서로가 평행선을 가게 된다. 중요한 사실은 그것이 누구에게도 도움이 되지 않고, 누가 이기든 중요하지 않는 지루한 소모성 싸움이라는 것이다.

결국 주도권을 잡기 위한 투정은 오랜 시간이 지나야 하는 것이므로 소모성 투쟁에 대해서는 일정 기간 무시하는 것도 필요하다. 사람은 누구든 말리는 일은 더 하고 싶지만 하라고 하는 일에 대해서는 오히려 흥미를 잃어버리고 하지 않게 되는 경우가 많다. 따라서 대화가 통하지 않는 아이들에게는 그들이 하고자 하는 투정이 무엇이든 계속적으로 하게 함으로써 지루한 아이와의 싸움에서 벗어나기도 하고 투정을 줄일 수 있는 방법이기도 하다.

아이들의 지나친 투정에 대해서는 무관심으로 일관하여 다시는 그런 투정을 해서는 얻는 결과는 아무 것도 얻을 수 없다는 생각을 갖게 해야 한다. 그러려면 엄마는 공공장소에서라도 아이가 땅바닥에 누워 몸부림치더라도 참아야한다. 이 말이 정말로 의미하는 바는 다른 사람들의 따가운 시선을 참고 견뎌야 한다는 점이다. 아이에게 그런 행동이 아무런 힘이 없다는 것을 확신시켜 주기 위해서이다. 그러면 아이들은 누군가 도와주지 않는다면 그러한 행동을 고수하지 못하게 되고 수정하게 된다.

❖ 만약 아이가 아이스크림을 먹고 싶다고 투정을 부리는 경우

◈잘못된 대화

🧒 : "아이스크림 사 줘."

👩 : "안돼, 감기 걸려서."

🧒 : "잉 잉 잉 ~ 빨리 아이스크림 사 줘."

🧑 : "사람들 많은 데 창피하게 계속 투정 부릴 거니. 혼난다."

👧 : (계속 울기만 한다)

🧑 : "알았어. 알았어. 이 번 한번만 사주는 줄 알아."

➡ 이때 엄마가 아이의 그러한 행동 때문에 당황해하는 모습을 보이거나 어쩔 수 없이 사주게 된다면 그것은 그러한 행동이 가지는 힘을 증대시켜 줄 뿐이다.

◆지혜로운 대화

◎ "더 이상 그러면 엄마는 무시할거니까? 알아서 해"

➡ 경고를 하고 아이가 우는 것을 무시해야 한다. 물론 이 과정에서 엄마의 마음은 찢어지게 아플 것이고, 사람이 많은 곳에서 그런다면 창피하기 까지 할 것이다.

그렇다고 해서 대충 말리다 보면 결국 아이는 지루한 싸움에서 이기게 되고 아이는 이러한 우승에 대해서 나중에도 투정을 심하게 하면 이길 수 있다는 생각을 갖게 된다. 그렇게 되면 이제 엄마는 항상 아이들의 투정을 받아 들여야만 한다.

6. 다정함으로 대한다.

아이의 바람직하지 않은 투정을 해결할 때는 '다정함'과 '일관성'이
있어야 한다. 제일 중요한 것은 다정함이다. 즉 아이가 투정을 한다고 해
서 짜증이 났다는 표정으로 아이에게 화를 내거나 잔소리를 하는 것은
아무 효과가 없다.

아이가 투정을 했다고 바로 아이에게 화를 내거나 손찌검을 하게
되면 아이는 더욱 커다란 소리를 지르면서 울게 된다. 그리고 아이는 더
이상 엄마 말에 귀 기울이지 않을 것이다.

또한 아이가 투정을 시작하게 되면 이미 아이는 감정적으로 격앙되
어 있기 때문에 엄마의 잔소리나 꼬치꼬치 따지는 것은 아무런 효과가
없다. 투정부리는 아이에게 왜 투정을 부리는지 꼬치꼬치 따지거나 잔소
리를 하게 되면 아이들은 들어 주거나 대꾸를 하지 않기 때문에 오히려
엄마만 지칠 뿐이다.

묻는 말에 정확하고 신중하게 그리고 친절하게 대답하는 어른이 되

어야 한다. "엄마 왜 사람들은 죽어요?"라고 물으면 "넌 몰라도 돼."라고 대답한다든지, "아이는 어디서 태어나요?"라고 물을 때 "너도 크면 다 알게 된다."라는 식의 회피성 대답은 하지 말아야 한다. 정확하게, 그러나 아이가 이해하기 쉬운 정직한 말로 가르쳐주자. 그것이 훗날 아이에게 큰 도움이 될 것이다. 어른들은 자기 마음대로 말하고 아이들에게 감정적으로 대할 때가 많다. 더구나 말버릇도 고약한 경우가 많다. 그러한 모습을 아이들은 정확하게 배우게 된다. 물론, 항상 친절하게 대하기란 힘들다. 그러나, 어른은 아이들에게 친절하고 다정하게 대하는 것이 당연하다.

❖ 장난감을 사 달라고 투정을 부리는 경우

상점 안에서 아이가 장난감을 사달라고 누워서 발로 차면서 투정을 부리는 아이가 있다고 가정하자. 계속 울게 되면 다른 사람들에게 방해가 되니 아이를 데리고 밖으로 나온다. 필요하다면 아이의 두 손을 꽉 붙잡는다. 그러면 아이는 더 이상 울게 되면 분명히 무엇인가 불길한 결과가 나올 것이라는 생각을 가지게 되어 어떻게 할까를 고민하게 된다. 꽉 잡고 몇 분 지나면 대부분의 아이들은 조용해진다. 아이가 안정을 찾고 조용해지면 투정에 대해 의견을 말하도록 한다.

➜ 비록 원하는 장난감을 사주지는 않더라도 엄마가 그것을 진지하게 생각하고 있다는 사실을 알려주어서 관심을 가능한 빨리 다른 곳으로 돌려본다.

🧒 : 네가 그렇게 바닥에 누워서 발로 차고 소리를 지르면 네가 원하

는 것이 무엇인지를 모르겠어. 하고 싶은 것이 있으면 말로 해

야 잖아. 소리를 지르면 무슨 말인지 엄마는 못 알아듣겠어. 그

러니깐 조용히 얘기해하면 엄마가 들어 줄게."

아이 : (소리 지르면서) "장난감 사달라니까 왜 안 사줘!"

엄마 : 너무 커서 무슨 소리인지 잘 모르겠어. 조용히 말해봐!"

아이 : "조용히 장난감 사달라니까요."

엄마 : "응 장난감 사달라는 말이구나. 이렇게 엄마가 이해하기 쉽게 다

음에는 원하는 것이 있으면 제발 조용히 말해. 그런 다음 네가

뭘 원하는지 얘기해 보자."

아이 : "조용히 했으니깐 이제 장난감 사 주세요. 네?"

엄마 : "오늘은 너에게 장난감을 사 줄 수가 없어. 오늘은 반찬거리를

사러 나왔잖니 그래서 돈을 충분히 가지고 나오지 않았기 때문

에 살수가 없단다. 내일 올 때 꼭 사주도록 하마."

➜ 아이의 투정에 대한 요구를 들어줄 수 없을 때, 요구를 대신할 수

있는 대응 방안을 제시하여 물어 보는 것도 중요하다.

엄마 : "네가 원하는 장난감은 매우 위험한데 이 장난감으로 사주면

안될까?

네가 원하는 장난감은 너무 비싼데 엄마가 충분한 돈을 안가 져

와서 그런데 조금 싼 것으로 하면 어떨까?"

➜ 아이는 투정을 시작했지만 투정부리는 감정에서 벗어나고 싶어

한다. 이런 느낌이 들면 아이들을 다그치지 말고 아이를 꼭 안아주고

여전히 사랑한다고 표현하는 것이 좋다.

(아): "싫지만 그냥 사줘. 다음에는 꼭 저걸로 사줘."

(엄마): "네가 안정을 찾으니 기쁘구나. 엄마가 안아줄까?"

→ 투정으로 인해 벌을 주라는 것은 아니다. 자신의 욕구를 표현하는 방법을 가르치라는 것이다. 그리고 아이가 하기 싫어했던 일을 끝마치면 약간의 보상을 허락하는 방법도 효과적이다. 적절한 대응 방안을 찾고, 아이가 그 방안에 수락을 하게 되면, 그에 따른 적절한 보상을 해주는 것도 아이의 감정형성에 매우 중요하다.

(엄마): "네가 참으니까 엄마는 너무 좋은데 엄마가 아이스크림 사줄까?" "오늘 병원 가서 무사히 주사를 맞으면 점심에서 네가 좋아하는 돈가스 사 줄게"

7. 현명하게 꾸짖어라.

아이들과 대화가 되지 않으면 결국 엄마는 꾸짖어야 할 때가 있다. 그러나 무작정 꾸짖는다면 오히려 아이의 저항에 부딪힐 수 있다. 따라서 아이를 꾸짖을 때는 다음과 같은 원칙에 의거하여 꾸짖어 보라. 그럼 효과가 생긴다.

◑ 너무 어릴 때부터 꾸중하지 말아라. 가벼운 훈계가 아닌 꾸중은 엄마와의 의사소통이 가능 할 때 하는 것이 좋다. 말귀는 알아듣지만 문제의 중요성을 이해 못하는 5세 이전의 아이들은 꾸짖음보다는 관심을 돌리게 유도하는 것이 현명하다.

◑ 심한 꾸중은 아이의 자신감을 잃게 한다. 너무 심하게 야단치면 엄마가 보는 앞에서만 잘하고 엄마가 없는 곳에서는 자기를 통제할 수 없는 아이가 된다. 엄마가 시키는 일만하고 자신감이 없는 아이로 자랄 수도 있다.

◑ 위험한 행동은 그 자리에서 꾸중하라. 아이가 차도에 뛰어든다거나 칼 장난, 불장난 등 본인과 타인에게 위험한 행동을 할 때는 '심한' 꾸중도 무관하다. 그래야 강하게 인식해서 다시 그 일을 하지 않기 때문이다.

◑ 말로만 하는 꾸중에 앞서 시범을 보여라. 아이가 방을 어지럽혔다면 잘못된 점을 꾸중하고 아이가 따라하도록 엄마가 직접 방을 치우는 시범을 보여준다.

◑ 일관성을 가지고 꾸짖는다. 어떤 때는 야단치는 일도 어떤 때는 그냥 넘어가면 매우 안 좋다. 엄마의 일관성 없는 꾸중은 아이가 왜 혼나는지 몰라서 혼란스럽게 만들게 된다.

◑ 인격을 무시하는 말로 꾸짖지 마라. "너는 왜 그 모양이니?", "바보냐?" 등의 꾸중은 아이에게 상처를 주고 불만이 쌓이게 한다.

◑ 잘못을 인정하도록 강요하지 않는다. 아이가 스스로 자신의 옳고 그름을 판단하도록 유도하는 것이 아이의 감성에 좋다.

◑ 체벌 받고 자란 아이의 지능이 낮다. 엄마와 아이 간에도 "다음에 또 그러면 손바닥 10대 맞는다."식의 체벌에 대한 합의가 필요하고 체벌이 심한 아이는 평균지능보다 12정도 낮다고 한다.

◑ 작은 목소리로 야단친다. 소리가 큰 꾸중은 아이에게 반감을 갖게 하므로 작은 소리로 야단하면 오히려 쉽게 수긍하게 된다.

◑ 화난 기분으로 꾸중하지 않는다. 감정이 앞서 꾸중하면 반드시 후회하게 된다. 우선 엄마의 기분을 차분히 한 후 꾸중해야 효과적이다.

엄마의 말 한마디가 **우리아이 미래를 결정한다**

Part 12 칭찬 받고 싶어요.

칭찬할 것이냐, 혼을 낼 것이냐. 아이가 못한다고 엄마가 짜증이 난다고 혼을 내자니 아이의 기가 죽을 것 같다. 그렇다고 마냥 칭찬만 해주면 아이가 기고만장해질 것 같다. 딱 부러지는 정답은 없다. 다만 칭찬에는 아이의 자신감을 길러주는 힘이 숨어 있다. 엄마가 자신을 인정해준다는 만족감을 안겨줌으로써 꾸중이나 매로는 풀 수 없었던 문제를 해결하는 열쇠가 되기 때문에 중요한 부분이다.

칭찬은 좋은 점이나 착하고 훌륭한 일을 높이 평가하는 말을 말한다. "말 한 마디로 천냥 빚을 갚는다."는 말처럼 어떤 상황에서 어떤 말을 어떻게 하느냐 하는 것은 매우 중요하다. 특히 말하는 사람이 어떤 위치에 있느냐에 따라 그 말은 엄청난 효력을 발휘할 뿐만 아니라 때때로 한 사람의 인생을 바꾸어놓기도 한다. 그중에서 칭찬은 대인관계나 조직관리에서 별로 힘들이지 않고 큰 효과를 발휘하게 하는 전략적 수단이다.

'칭찬은 고래도 춤추게 한다' 는 책이 베스트셀러가 될 만큼 칭찬의 중요성에 주목하는 움직임이 활발하다. 이처럼 짧은 칭찬 한 마디는 아이의 인생을 바꿀 정도로 큰 힘을 발휘한다. 특히 대화는 사람의 인생을 바꾸는 가치 있는 일이기 때문에 대화에서도 칭찬의 필요성은 크다고 할 수 있다. 특히 대화과정에서 목적을 달성하는데 중요한 동기유발의 중요한 기폭제이기도 하다. 물질이 풍요로워진 사회일수록 인간적인 정에 약하다.

따라서 사람들은 칭찬받고 싶은 욕구가 강하다. 굳이 대화에서 뿐만 아니라 사회생활에서도 칭찬을 잘하지 못하면 이제는 살 수 없는 시대가 되었다. 이 시대는 칭찬 잘하는 사람을 필요로 한다.

그렇지만 아직도 칭찬하는 것이 어색하거나, 괜히 입에 발린 말을 하는 것 같아 서로가 쑥스러운 느낌을 받기도 한다. 또 의식적으로 칭찬을 하다 보면 의례적 인사 치레로 보이거나, 아첨으로 오인되어 그 효과가 반감이 되기도 한다. 중요한 것은 칭찬에도 뿌리와 가지가 있어야 한다는 것이다. 누구에게나 똑같이 판에 박힌 칭찬의 말을 되풀이하다 보면 칭찬을 받는 사람 입장에서도 별다른 감흥이 없기 마련이다.

직장 뿐 아니라 인간관계가 있는 어디에서건 비판이나 지적보다는 칭찬은 큰 힘을 발휘한다. 동기를 부여해주고, 팀웍을 높여줄 뿐 아니라 자신감을 심어주어, 그 안에 있는 위대한 힘을 발견하게 해 아이에서 어른이 되는 성장의 주식은 음식과 칭찬이다. 몸을 키우기 위해서는 밥과 반찬을 먹어야 하고, 생각과 가치관을 키우기 위해서는 칭찬이라는 양식을 먹어야 한다. 생각과 가치관 즉 창의성, 용기, 인내, 긍정적 사고 등 자신에게 주어진 다양한 능력들을 최대한 발휘하고 성장하여 다른 사람들과 공유할 수 있는 것은 바로 칭찬에서 시작된다. 칭찬은 그 사람의 가능성과 잠재력을 발견해주는 동시에 그 능력을 더욱 키울 수 있도록 해주는 영양제 역할을 해준다.

이처럼 칭찬이 좋다는 것은 다 알지만 칭찬을 잘하는 사람은 드물다. 칭찬을 해보지 않던 사람이 어색하게 하면 오히려 역효과가 나는 경우도 있다. 칭찬은 받아본 사람만이 할 수 있으며, 연습을 할수록 잘하기 때문이다. 칭찬을 잘하는 방법은 다음과 같다.

1. 칭찬은 불가능을 가능하게 한다.

　심리학에서는 피그말리온 효과라는 것이 있다. 칭찬하면 칭찬할수록 더욱 더 잘하려는 동기를 제공하는 것을 심리학에서는 피그말리온 효과(Pygmalion Effect)라고 한다. 원래 피그말리온 효과라는 것은 자기 충족적 예언이라고도 하며, 원래 그리스신화에 나오는 조각가 피그말리온의 이름에서 유래한 심리학 용어이다. 조각가였던 피그말리온은 아름다운 여인상을 조각하고, 그 여인상을 진심으로 사랑하게 된다. 여신(女神) 아프로디테(로마신화의 비너스)는 그의 사랑에 감동하여 여인상에게 생명을 주었다. 이처럼 타인의 칭찬이나 기대 또는 관심으로 인하여 능률이 오르거나 결과가 좋아지는 현상을 말한다.

　심리학에서는 타인이 나를 존중하고 나에게 기대하는 것이 있으면 기대에 부응하는 쪽으로 변하려고 노력하여 그렇게 된다는 것을 의미한다. 대화에서도 칭찬이나 격려를 통해서 아이에게 긍정적인 영향을 미치는 심리적 요인이 된다는 것을 말한다.

1968년 하버드대학교 사회심리학과 교수인 로버트 로젠탈(Robert Rosenthal)과 미국에서 20년 이상 초등학교 교장을 지낸 레노어 제이콥슨(Lenore Jacobson)은 미국 샌프란시스코의 한 초등학교에서 전교생을 대상으로 지능검사를 한 후 검사 결과와 상관없이 무작위로 한 반에서 20% 정도의 학생을 뽑았다. 그 학생들의 명단을 교사에게 주면서 '지적 능력이나 학업성취의 향상 가능성이 높은 학생들'이라고 믿게 하였다. 8개월 후 이전과 같은 지능검사를 다시 실시하였는데, 그 결과 명단에 속한 학생들은 다른 학생들보다 평균 점수가 높게 나왔다. 뿐만 아니라 학교 성적도 크게 향상되었다. 명단에 오른 학생들에 대한 교사의 기대와 격려가 중요한 요인이었다. 이 연구 결과는 교사가 학생에게 거는 기대가 실제로 학생의 성적 향상에 효과를 미친다는 것을 입증하였다.

이처럼 대화에서도 피그말리온 효과를 사용하여 지속적인 칭찬과 격려를 통해서 아이에게 놀라운 변화를 가져오게 할 수 있다.

칭찬이 중요한 이유는 여러 가지가 있지만, 특히 대화에 있어서 칭찬이 중요한 이유는 불가능을 가능으로 만들기 때문이다. 바보 온달에게 지혜로운 평강공주의 칭찬과 믿음은 훌륭한 장군이 되게 하였고, 듣지도 보지도 말도 못하던 헬렌 켈러에게 설리반 선생의 진심어린 칭찬은 기적을 만들어 준 사실만 보아도 칭찬은 사람을 기분 좋게 만들뿐만 아니라 건강하게 만든다.

의학적으로 칭찬을 받으면 각종 면역강화물질의 분비를 촉진시킨다. 이는 다시 뇌로 피드백 되어 불필요한 스트레스 호르몬의 분비를 억제시킨다. 그 결과 자율신경계가 늘 편안한 상태에 있어 최적의 신체 상태를 유지하기 때문에, 건강한 몸을 유지할 수 있을 뿐만이 아니라 목표 달성을 위하여 노력할 수 있는 자세를 만들어 준다.

　이밖에도 칭찬의 장점은 끝이 없다. 칭찬은 아이를 정서적으로 긍정적인 상태에 놓이게 함으로써 자신감을 주어 강하게 만들어 준다. 또한 칭찬은 듣는 사람만이 좋은 것이 아니라 하는 사람에게도 신뢰감을 주고 좋은 사람이라는 인식을 갖게 해줌으로 좋은 인간관계를 맺게 해준다. 또한 칭찬은 전염성이 강해서 아이의 긍정적인 마음을 만들어 주기도 하지만 사람들에게 기쁨을 준다. 이러한 긍정적인 마음과 기쁨을 느낀 사람은 칭찬의 중요성을 깨닫게 되어 다른 사람을 칭찬하려고 한다. 따라서 엄마의 칭찬을 받은 아이는 주변 동료를 칭찬하고, 이웃을 칭찬하고, 나아가 인간관계가 좋아진다.

2. 평범하고 하기 쉬운 칭찬부터 시작하라.

'쉬운 칭찬'부터 시작하자. 지금까지 칭찬에 인색했던 엄마라면 '쉬운 칭찬'부터 해 보는 것이 좋다. '쉬운 칭찬'은 기존에 자녀가 잘하고 있었던 행동이라도 당연하게 여기지 말고 칭찬해 주는 것이다. 이에 비해, 잘못하는 행동 또는 부족한 행동을 고치려고 하는 칭찬은 '어려운 칭찬'이라 할 수 있다. '어려운 칭찬'을 하려면 칭찬을 받을 수 있는 목표 행동을 아이에게 제시해 줘야 한다. 예를 들면, "철수는 언제나 음식을 골고루 먹는구나. 참 좋다."는 말은 '쉬운 칭찬'이며, "공부를 스스로 하는 것을 보니 정말 대단하구나. 엄마 아빠는 성적이 잘 나오는 것보다도 네가 공부를 스스로 해나간다는 것을 더욱 기쁘게 생각한다."는 '어려운 칭찬'에 해당한다.

따라서 칭찬을 시작할 때는 쉬운 것부터 하는 것이 좋다. 또한 아이가 매번 잘해오던 일이여도 당연히 그러려니 했던 사소한 일부터 하나하나 칭찬하는 것이 중요하다.

〈쉬운 칭찬 대화〉

◑ "오늘따라 활기차 보이네. 무슨 좋을 일이 있었니?"

◑ "오늘은 엄마를 많이 도와주어서 정말 고마워"

◑ "방청소를 깨끗이 해 놓은 것을 보니 학교에서도 칭찬
받겠다."

◑ "오늘 세수를 열심히 하니까 얼굴이 너무 예뻐 보인다."

◑ "오늘 따라 아빠하고 한 약속을 잘 지켜 주니 아빠가 참 행복 하단
다."

3. 왜 칭찬을 하는지 구체적인 이유를 말해준다.

　칭찬만큼 행동에 대한 동기 부여를 강하게 주는 것도 없다. 아이가 보다 목표 지향적으로 행동하길 원한다면 그러한 행동이 하고 싶도록 동기 부여를 하는 칭찬을 많이 해주는 것이 좋다. 그렇다고 뜬금없는 칭찬은 피하는 것이 좋다. 못생겼는데 예쁘다고 거짓으로 칭찬한다거나 공부를 잘하지 못하는데 잘한다는 칭찬은 아이에게 불신만을 심어 줄 뿐이다. 구체적으로 아이가 한 행동에 대해 칭찬해 주는 것이 중요하다. 더불어 엄마는 아이에게 자신이 바라는 행동을 가급적 구체적으로 얘기해 줘야 한다. '집안을 어지르지 마라'는 식으로 막연하게 얘기하지 말고, '읽고 난 책은 제자리에 꽂아놓으라'거나 '갖고 논 장난감은 다시 장난감 바구니에 넣어라' 고 얘기하라는 것이다. 이처럼 엄마가 구체적인 방향을 제시해 줄 때 아이는 칭찬받을 수 있는 기회를 좀 더 쉽게 얻을 수 있게 된다.

　왜 칭찬을 하는지 아이에게 설명을 해 주면 아이가 자신의 행동과 엄마와의 칭찬 사이의 인과관계를 이해하게 돼, 앞으로도 긍정적인 행동을 계속 하려고 할 가능성이 높다.

아이는 어떤 이유로 자신이 칭찬받았는지 알고 난 후에도 같은 행동을 계속하게 된다.

〈구체적인 칭찬 대화〉

◗ "그림 잘 그렸다" 보다는 "기린 목을 길게 그리니 정말 기린 같다"

◗ "네가 오늘 장난감 정리를 한 것을 보니까 엄마가 정말로
기쁘구나."

◗ "인사를 참 잘 하는구나."

◗ "골고루 음식을 먹으니까 더 씩씩하고 건강해지겠다. "

4. 성공한 결과보다는 과정을 칭찬한다.

    아이가 엄마와의 약속을 잘 지켰을 때 결과만을 칭찬할 것이 아니라 아이가 약속을 지키기 위해 노력한 사실을 부각시켜야 한다. 아이가 계속 잘할 수 있도록 동기를 부여해주는 것은 바로 아이의 노력한 과정에 대해 칭찬하는 것이다.

    만약 칭찬을 결과에만 초점을 맞추어 하게 되면 아이는 내내 초조감을 느끼기 쉽다. 결과에 대해서만 칭찬할 경우 자칫 잘못하면 '모로 가도 서울만 가면 된다'는 식의 부작용도 낳을 수 있기 때문에 과정을 중요시해야 한다는 것이다. 그리고 열심히 하다가도 일이 제대로 성사되지 않으면 아이는 엄마가 결과만을 바라고 있다는 생각에 심한 좌절을 느끼기 쉽다. 따라서 과정도 중요하다는 칭찬을 해주어 결과가 나쁘더라도 현재의 상황에 만족할 수 있게 해주어야 한다.

〈결과를 중시한 칭찬 대화〉

◑ "○○가 100점을 받아서 엄마는 정말 기뻐. 참 잘했어"

◑ "수학시험 잘 봐서 엄마 기분 너무 좋다."

◑ "오늘 경기에서 1등 했구나. 역시 우리○○ 대단해요"

◑ "방을 깨끗하게 청소했구나. 잘했어"

◑ "피아노 잘 친다."

〈과정을 중시한 칭찬 대화〉

◑ "○○가 100점을 받았구나. 네가 지난 일주일 동안 정말 열심히 노력했다는 것이 자랑스럽구나. 이제 노력하면 좋은 결과를 얻을 수 있다는 걸 알게 됐지."

◑ "수학 시험을 위해서 공부를 정말 열심히 했구나."

◑ "네가 열심히 연습한 것이 오늘 경기에서 효과가 있었어."

◑ "오늘 아침에 방 정리하느라 고생했다. 집안이 환해졌다."

◑ "매일 열심히 연습하더니 피아노 실력이 벌써 이렇게 좋아졌구나."

5. 말뿐만 아니라 몸으로 칭찬해준다.

　　칭찬을 말로만 하면 아이는 칭찬을 농담으로 생각하기 쉽다. 칭찬이 진실 된 것처럼 인식하게 하려면 몸으로도 칭찬을 해야 한다. 때로는 열 마디 말보다 몸짓 하나가 더 강렬하고 함축적인 의미를 표현할 때가 있다. 아이의 손을 꼭 잡아주거나, 따뜻하게 꼭 안아주기, 정감어린 눈빛 보내기 등 다양한 방법의 스킨십을 통한 진한 교감의 몸짓 대화들을 통해 전달 될때 훨씬 더 자녀들은 행복감을 느낀다. 아이와 눈높이를 맞추고 엄마가 자신을 향해 몸을 기울여줄 때, 아이는 친밀함과 편안함을 느낄 수 있다는 것이다. 아이를 향해 몸을 구부려 껴안아주거나 토닥여주어 엄마의 마음을 전하는 몸짓 대화가 자연스럽게 나오도록 습관처럼 노력해야한다.

〈스킨십 칭찬 대화〉

◑ (꼭 껴안아주며) "엄마가 너 믿는 거 알지. 우리 ○○, 많이 사랑해."

◑ (머리를 쓰다듬어 주며) "지금 너의 행동이 너무 자랑스러워서

엄마 기분이 정말 최고야."

6. 즉시 칭찬한다.

    칭찬에도 적절한 타이밍이 있다. 칭찬받을 행동을 했을 때 즉시 칭찬을 해주는 것이 가장 좋고 효과도 크다. 아이에 대한 칭찬은 날 잡아서 거창하게 하는 게 아니다. 일상생활에서 자그마한 것을 잘 해내거나 사소하지만 나쁜 버릇을 고쳤을 때 즉시 해주는 칭찬이 큰 효과를 본다. 즉시 칭찬하지 않고 한참 지난 후에 엄마의 기분이 좋아졌을 때 칭찬하면 그 의미는 반감되며 아이는 엄마의 기분이 좋아져야 칭찬을 받는다고 생각할 수도 있다. 그래서 행동할 때 엄마의 감정 상태부터 살피는 역효과가 나타나기도 한다.

〈스피드 칭찬 대화〉

◑ "우와. 네가 그린 그림의 색깔들 좀 봐!"

◑ "엄마가 냉장고 정리를 다 한 건 동생을 돌보아 준 네 도움이
정말 컸어."

◑ "네가 그 팀에 뽑히다니 엄마는 정말 기뻐!"

7. 스스로 한 일에 대해서는 더욱 많이 칭찬한다.

칭찬을 많이 하려는 이유 중의 하나는 아이가 할 일을 스스로 하게 하려는 데 있다. 그러므로 엄마가 아이에게 시키지 않았는데 아이가 원하는 행동을 스스로 알아서 했을 때에는 더욱 많이 칭찬해주는 것이 필요하다. 이는 아이에게 성공할 수 있는 능력이 자라고 있다는 증거이기도 하므로 최고의 찬사를 해주어도 아깝지 않다.

엄마가 좀 더 지혜롭고 현명하다고 한다면 자신의 아이 특성에 맞추어 한동안 아이를 관찰하고 칭찬을 받아들일 수 있는 때와 장소, 사건을 살펴 칭찬을 했을 때 더욱 효과적이다.

〈셀프리더십 칭찬 대화〉

◑ "알아서 방청소를 했구나. 참 잘했어."

◑ "우와! 오늘 아침엔 정말 빨리 옷을 입었구나."

◑ "그걸 끝냈다니 네가 정말 자랑스럽구나."

◑ "화분에 물을 주다니 꽃들도 웃고 엄마도 웃고 기분 정말
좋은데."

8. 약속을 지켰을 때에도 칭찬은 필수다.

보통 칭찬은 엄마가 정한 일을 아이가 잘 따라주었을 때만 하게 된다. 반면에 하지 말라고 약속을 했을 때 약속한 일을 하지 않았을 때에는 당연하게 여기는 경우가 많다. 그러나 엄마가 정한 일을 했을 때만이 아니라 하지 말라고 약속을 정한 경우에도 하지 않은 것도 약속을 이행한 것이기 때문에 칭찬을 해주어야 한다. 아이에게 하지 말라는 말을 한 후에도 관심 있게 지켜보다가 아이가 정말 그 행동을 하지 않을 때에는 칭찬을 해주는 것이 좋다. 그래야 아이의 행동이 지속될 수 있기 때문이다.

더욱 중요한 것은 아무리 좋은 칭찬도 무분별한 과장칭찬은 아이의 눈을 가린다는 것이다. 낙서를 보고 '천재'라고 칭찬하면 커서도 정당한 비판에 화를 내거나 기가 죽을 수도 있다.

〈지킴이 칭찬 대화〉

◑ "네가 세운 목표에 도달하니 엄마는 네가 참 대견스럽다고
　생각해"

◑ "심부름을 의젓하게 잘 하고 나니 기분이 좋겠구나."

◑ "아침에 짜증내면서 일어나지 않기로 약속했는데 오늘
　아침은 웃는 얼굴로 일어나니 예쁘구나!"

◑ "책상이 지저분해서 엄마에게 혼나더니 이제 깨끗하게 정말
　정리 잘하는구나."